馬雅 不是古文明
是超文明!

U0059296

揭開馬雅文明神祕的面紗
你會發現他們的智慧是你望塵莫及的程度!

目錄

第一章　馬雅文化

馬雅的概況 010

馬雅文化之謎的假說 022

馬雅文化遺址 024

馬雅文化的出現 028

神祕消失 029

第二章　馬雅文明

馬雅文明之發現 034

密林中的馬雅文明 035

馬雅文明的發展 039

有關馬雅文明的疑問 048

叢林的神話 054

聖都沉睡於叢林深處 056

敲不開的「硬殼果」 059

被毀壞的馬雅文明 061

尋訪失落的馬雅文明 065

馬雅文明之謎 067

第三章 馬雅 —— 社會生活與文化成就

馬雅文明的發展過程 ⋯⋯⋯⋯⋯⋯⋯⋯⋯⋯ 072

馬雅社會 ⋯⋯⋯⋯⋯⋯⋯⋯⋯⋯⋯⋯⋯⋯⋯ 074

馬雅人的現況 ⋯⋯⋯⋯⋯⋯⋯⋯⋯⋯⋯⋯⋯ 076

美麗的馬雅風鈴 ⋯⋯⋯⋯⋯⋯⋯⋯⋯⋯⋯⋯ 079

文化成就 ⋯⋯⋯⋯⋯⋯⋯⋯⋯⋯⋯⋯⋯⋯⋯ 080

馬雅數字 ⋯⋯⋯⋯⋯⋯⋯⋯⋯⋯⋯⋯⋯⋯⋯ 082

馬雅人的記數方法 ⋯⋯⋯⋯⋯⋯⋯⋯⋯⋯⋯ 087

特殊的試論進位法 ⋯⋯⋯⋯⋯⋯⋯⋯⋯⋯⋯ 091

馬雅語言 ⋯⋯⋯⋯⋯⋯⋯⋯⋯⋯⋯⋯⋯⋯⋯ 094

已失落的馬雅文明 ⋯⋯⋯⋯⋯⋯⋯⋯⋯⋯⋯ 095

未解的象形文本 ⋯⋯⋯⋯⋯⋯⋯⋯⋯⋯⋯⋯ 096

卡密拉胡育奠定文明根基的奧祕 ⋯⋯⋯⋯⋯ 097

帕連克最早發現了 Spa！⋯⋯⋯⋯⋯⋯⋯⋯ 099

馬雅人放火燒林施肥的原因 ⋯⋯⋯⋯⋯⋯⋯ 100

簡介馬雅的建築、雕刻、繪畫 ⋯⋯⋯⋯⋯⋯ 101

第四章 馬雅文物和遺址

馬雅文明之戰士神殿 ⋯⋯⋯⋯⋯⋯⋯⋯⋯⋯ 104

古代文明的遺留城市馬雅（一）⋯⋯⋯⋯⋯ 105

古代文明的遺留城市馬雅（二）⋯⋯⋯⋯⋯ 107

瓜地馬拉發現最古老的馬雅壁畫 ⋯⋯⋯⋯⋯ 108

馬雅水晶 109

走進金字塔 112

面具神殿的韻律美 129

神祕的馬雅王陵 130

瓜地馬拉大發現 149

保存完好的馬雅人宮殿 150

多色的彩文土器 151

馬雅古城 152

令當代人感到驚訝和敬畏的不朽紀念物 154

貝里斯國家的馬雅遺址 158

世界文化保護區 166

第五章　馬雅人及宗教

美洲最早的主人 170

未解之謎 173

貝里斯 177

馬雅文明的崩解是個謎 179

對馬雅人興衰的思索 180

馬雅歷史分析 195

馬雅宗教 197

第六章　馬雅的曆法

馬雅曆法 ··· 208

曆法與金字塔 ··· 214

第七章　馬雅的預言及神話

馬雅預言對世界末日的分析及定義 ··············· 216

神祕地帶 ··· 219

馬雅的眾神 ·· 219

馬雅之神造人 ··· 220

眾神的許諾 ·· 220

禁地 ··· 224

尋找馬雅的預言 ··· 226

第八章　馬雅文化與世界文化

中國與馬雅的古文明探索 ··································· 234

馬雅文明和安地斯文明 ······································ 237

馬雅文明和安地斯文明 ······································ 240

中美洲綠色沙漠對抗惡質生活 ··························· 245

等你解開口令 ··· 246

奧爾美加中美洲文明始祖 ··································· 248

馬雅人與世界的互動 ·· 249

我們的生活會更美好 ·· 250

前言

　　科學探索是理解神旨、通向無限世界的神奇力量，我們只有透過科學探索，才能創造嶄新的天地！才能不斷推進人類文明向前發展。

　　現在比較熱門的科學探索有：以星際探索、地球自身空間探索為代表的空間探索；地外文明探索、史前文明探索為代表的文明探索；以考古、考據為代表的歷史探索，以人類學研究為主的人類文化探索等。

　　其實，科學的內涵就是事實與規律，需要探索發現人所未知的事實，並以此為依據，實事求是，而不是脫離現實的空想，並尋找客觀事物之間內在本質的必然連繫。

　　因此，科學探索是建立在實踐基礎上，並經過實踐檢驗和嚴密邏輯論證的，是關於客觀世界各種事物的本質及運動規律的知識體系。但是，我們生存世界的奧祕，簡直無窮無盡，從太空到地球，從宇宙到海洋，無奇不有，怪事迭起，奧妙無窮，神祕莫測，眾多難解之謎都不可思議，使我們對自己的生命現象和生存環境捉摸不透。破解這些謎團，將有助於我們人類社會向更高層次不斷邁進。

　　其實，宇宙世界的豐富多彩與無限魅力就在於那許許多多的難解之謎，使我們不得不密切關注和發出疑問。我們總是不斷地去了解它、探索它。雖然今天科學技術日新月異，達到了很高的水準，但對於那些無限奧祕還是難以完全解答。古今中

外的眾位科學先驅不斷奮鬥，一個個奧祕不斷解開，並推進了科學技術發展，又發現了許多新的奧祕現象，又不得不向新的問題發起挑戰。

宇宙世界是無限的，科學探索也是無限的，我們只有不斷拓展更加廣闊的生存空間，發現更多豐富的寶藏，破解更多的奧祕現象，才能造福於我們人類文明，人類社會才能不斷向前發展。

為了普及科學知識，激勵讀者了解和探索宇宙世界的無窮奧妙，本書內容精煉、語言簡潔，深入淺出，通俗易懂，形象生動，讓讀者能夠加深思考，啟迪智慧，開闊視野，正確了解各種奧祕現象，激起熱愛科學和追求科學的熱情，掌握科學探索的方向和起點，使我們向著無限的科學世界不斷探索前進。

第一章
馬雅文化

▌馬雅的概況

馬雅的起源

　　馬雅這個稱謂是近 500 年來的產物。10 世紀以後，猶加敦半島上有三個強大的城邦，其中之一叫馬雅潘，它曾一度成為猶加敦（Yucatan）北部最具有政治主導力的中心。在 12 世紀至 14 世紀的黃金時代之後，正好來了西班牙人。是西班牙人把這個城邦的威名加在整個馬雅地區之上，才有了馬雅地區、馬雅民族、馬雅文明的稱呼。馬雅文明是中美洲印第安先民在與亞、非、歐古代文明相互隔絕的條件下，獨自創造的偉大文明。它在科學（天文學、曆法、工程學、數學）、農業（玉米、蕃茄、可可、菸草種植）、文化（象形文字、編年史）、藝術（雕塑、繪畫）等許多方面，均有巨大的貢獻。

地理位置

　　馬雅地區處於中美洲，西瀕太平洋，東臨大西洋的墨西哥灣和加勒比海，北接猶加敦半島，西北向與東南向分別與北美洲和南美洲相連接。以現在的政治方式來劃分馬雅文化地區的話，馬雅地區包含了墨西哥東南部及猶加敦半島上某幾個州、半島東南部的貝里斯、瓜地馬拉和宏都拉斯。現今意義上所說的馬雅地區，大致可以按地形或氣候的不同，劃分為三大塊，由南向北，依次是高地、低地和平原。

* **高地**：高山組成，位於現今的瓜地馬拉。海拔高，較寒冷，
  據稱在四五千年前是馬雅農業文明的最早發源地。
* **低地**：以佩滕伊察湖為中心的流域盆地，南部為草地。盆
  地外谷地的山坡上森林茂密，有著古代馬雅人的石頭城
  市。此區溫暖溼潤，雨季較長，故物產豐富。盛產石灰岩
  和花崗岩，是馬雅文明古典期的中心。
* **平原**：由南向北，高大的樹木變成低矮的灌木叢。四處是
  裸露的天然石灰石，地表水極少，湖泊、河流亦甚少，氣
  候非常乾旱。馬雅後古典期文明中心，繁盛期約在 10 至 14
  世紀。

馬雅的歷史

　　馬雅文明經歷了幾個不同的階段，每個階段在馬雅地區裡
有明顯不同的地理分布，大致是由南向北遷移。通常考古學家
將馬雅分為三個時期：

* 前古典時期或形成時期（西元前 2000 至西元 250 年）
* 古典時期（西元 250 至西元 900 年）
* 終結時期或後古典時期（西元 900 至西元 1521 年）

前古典時期（形成時期）

　　此時的馬雅人歷經狩獵和採集生活，最後選擇定居村落的
農耕生活。這時候的馬雅人不只會推算年曆，並知道用點和線

組合成的數字運算，更聰明的是，他們也有自己的象形文字。在廣大的基壇上面，他們建造神殿，以用來祭祀侍奉的「豹神」。考古學家也挖掘出著人豹圖像的土俑和俑人，呈現獨特的藝術表現風格。

古典時期

也就是所謂的「黃金時期」。這時期的馬雅城各都市都具備了獨立宗教的都市國家性格，形成特殊的聯邦組織。而偉大的藝術創造活動與大型金字塔神殿的建造都在此時期盛大展開，趨於極盛。此時期各都市之間的交易極為頻繁，但政治問題也隨之產生。政治的動亂一直到 10 世紀左右才被平息。

後古典時期

史學家估計自西元 900 年，軍事國家托爾特克在墨西哥中央高原大肆侵略，擴張勢力，對馬雅文明構成相當程度的威脅，馬雅人於是將城鎮往南移到猶加敦半島，從此，馬雅的城市漸被遺棄，最後成為廢墟。但托爾特克的侵略仍波及到半島，並干涉抑制馬雅文化後期的發展，形成特殊的托爾特克與馬雅混合文化。此後，13 世紀至 15 世紀，托爾特克與馬雅再度因托爾特克侵略的舊習不改，而形成了混亂的場面，就在互相征戰中，被西班牙征服軍消滅。

古代文明中最神祕而令人費解的，莫過於馬雅人的「突然滅亡」吧！太多的推測與假設被提出，氣候變化、土地過度開

發、疾病或蟲害、外族入侵等都只是假設，現代考古學家與科學家聯手合作，希望找出真正的消失原因，迄今竟沒有一項被證實與採用。除去「外星人入侵」的神祕說法，一般較為人們信服的推論是由於農人對祭司的絕對服從因為政治體系或社會的變遷大為削弱，新的教派又觸發致命的宗教鬥爭，但這也僅止於推論，沒有人知道一個建築藝術如此興盛的文化究竟是如何滅絕的！

馬雅謎團

第一則謎是為何馬雅族要隱藏起自己，並在黑暗之地建造壯麗的石造都市群呢？舊約聖經中所言的「失落的十部族」後裔之說，在此似乎頗具說服力，因此部落就是要隱藏自己，但此種說法並不為科學派的學者所認同。

馬雅位於熱帶雨林性氣候區，雨量特別多，終年潮溼，這種不適於生活的地區，卻有遺蹟遺留，其本身就構成一個謎團了。

馬雅人為何在密林中建聖都呢？以馬雅文化所展開的地區極為寬廣，面積約為 30 萬平方公里。在此區域全是熱帶雨林，由於溼熱，幾乎成了流行病最盛行的地方，而且到處充滿了可怕的野獸。一般文化的發展皆選擇河岸邊的肥沃土壤，而馬雅文化則是在如地獄般的環境中建造出光明都市。

建造巨大都市的技術又從何而來呢？在馬雅中最古老的都

市是迪卡魯，其面積為 16 平方公里，此地有許多宮殿、神殿與僧院等石造建築群。在迪卡魯遺蹟中所挖出的「時間石碑」上，刻有最古老的日期 292 年和最新的日期 879 年。可想而知，這期間的 600 年應是迪卡魯文明的最盛期。

吉強‧伊札、柯巴‧帕蘭開等都市，由於久為密林所掩蓋，幾世紀前已不見人影。隱藏在古古魯汗金字塔內部的密室。這些馬雅大都市，到底因什麼目的而建呢？

文化遺址

哥倫布在西元 1492 年遠渡重洋，發現新大陸時，中美洲只剩一群落後的民族，曾叱吒一時、輝煌燦爛的馬雅帝國早已不知所終。西元 1502 年哥倫布在他的第 4 次航海中，就曾碰到乘坐獨木舟彬彬有禮的馬雅商人。

1519 年，西班牙人入侵中南美，殺了阿茲特克國王蒙地斯曼。他們的目的是黃金和香料，然而他們看到一個巨大石頭所造的都市。這座設計儼然的巨大都市，比他們所知的西班牙某個城市或是希臘、羅馬等遺蹟更壯大、雄偉。更進一步地，從宏都拉斯和瓜地馬拉的密林中，發現阿茲特克王國的石造都市，這是馬雅族的文化。

馬雅文明自西元前 3 世紀左右急速成長，至 8 世紀達到文明的巔峰，但隨即迅速衰退，到了 10 世紀以後便無聲無息地消失了。目前仍有部分馬雅人後裔散居在中美洲地區。

　　而這些馬雅文明重新被世人知曉，是邁入 19 世紀後。1822年英國人陸續著手研究馬雅文化，並推論馬雅文明是由舊約聖經中的「失落的十部族」的後裔所建造的。

　　這個文明於西元 7、8 世紀時，達到繁榮的巔峰，僅僅隔了一個世紀，突然的，神殿被放棄，許多巨型建築乏人保護，紛紛淪為斷垣殘壁的廢墟，各地的祭祀中心也完全停止活動。

　　當馬雅文明發展到巔峰期時，馬雅區的藝術已經發展出一致的格式來。這時的人口也增加很多，以提卡爾（Tikal）來說，便多了 2 倍以上。隨著人口的增加，神殿和宮殿等大型建築也如雨後春筍般四處冒起。提卡爾出土的神殿基壇，一半以上的下方都是墓室，因而學者認為神殿基壇是為紀念死者而建造的。死者多半是皇族或貴族，平民沒有權力，也沒有能力為自己營造如此宏偉的墓室。

馬雅的經歷

　　現在讓我們對馬雅的歷史做一個簡單的回顧。馬雅地區地處古代中美洲，即眾所周知的中美洲，範圍大約從墨西哥中部到宏都拉斯，是歐洲人來到之前南美新大陸兩大創新中心之一。馬雅與中美洲的其他人力社會有相同之處，不僅是所擁有的東西，也包括缺乏的東西。比如現代西方人如果以舊大陸文明的眼光來看中美洲，可能會對他們沒有金屬工具、滑車等機械，也沒有輪子（除了有些地區將輪子作為玩具）、風帆、馱畜

和犁感到驚奇。所有那些宏偉的馬雅神廟都是人力依靠石器和木器建起來的。

馬雅文明的許多構成要素是從美索亞美利加的其他地區傳進來的。例如美索亞美利加的農業、城市和文字系統最早都出現在馬雅以外的地區，即西部或西南部的山谷和海岸低地。早在西元前 3000 年那裡就已開始將玉米、豆類和南瓜作為主食食用。陶器出現於西元前 2500 年左右，西元前 1500 年出現了村落，西元前 1200 年奧爾梅克一帶有了城市。大約在西元前 600 年或更晚，在瓦哈卡一帶的薩波特克社會開始有文字出現。西元前 300 年左右，第一個國家出現。馬雅使用兩種互補的曆法，一種是一年 365 天的太陽曆，還有一種是一年以 260 天計的神曆，這兩種曆法都源自馬雅以外的地區。至於馬雅文明的其他要素，若非他們自身發明創造的，就是取得後改良的。

在馬雅地區，村落和陶器大約出現在西元前 1000 年或更晚，結實的建築出現在西元前 500 年，文字系統大約出現在西元前 400 年。所有保存下來的古馬雅文字總數約有 15,000 字，刻在石頭或陶器上，講述的都是國王、貴族和他們的偉績，對平民隻字不提。當西班牙人到達的時候，馬雅人仍舊將樹皮紙塗上灰漿用於寫書，當年蘭德大主教的焚書運動中只有 4 卷天文和曆法書倖存。古代馬雅還有一種樹皮紙書，經常出現在陶器的圖案上，如今還有一些被埋在墳墓裡。

聞名遐邇的馬雅長紀年曆始於西元前 3114 年 8 月 11 日，

就好比西元紀年中以耶穌誕生年的 1 月 1 日作為初始之日。我們知道西元紀年中元年元日的重要意義，即基督誕生日。那麼馬雅長紀年曆的元年元日肯定也有特殊含義，只是我們尚未知曉而已。在馬雅地區最早保存下來的長紀年曆年份是西元 197 年，在一塊石碑上被發現；而馬雅以外的地區還發現了一個相當於西元前 36 年的長紀年曆年份，暗指長紀年曆初始日為西元前 3114 年 8 月 11 日。除此之外，新大陸沒有其他地方對此有記載，之後的兩千五百年裡也沒有任何相關文字紀錄。

我們的曆法分為日、週、月、年、十年、百年和千年。例如西元 2003 年 2 月 19 日，這一天即自基督誕生以來的第三個千年、第一個百年、第一個十年中的第三年，第二個月，第十九日。同樣的，馬雅長紀年曆中日為「金」，20 日為「烏納」，360 日為「盾」，7,200 日或 20 年左右為「卡盾」，144,000 或 400 年左右為「伯克盾」，馬雅的歷史都發生在 8、9 和 10 伯克盾之間。

所謂的馬雅文明古典時期始於 8 伯克盾，大約是西元 250 年，其證據為第一位國王登基，第一個朝代出現。在馬雅石碑上出現的符號中，研究馬雅文字的學生們能夠辨識出幾十個，其中每一個都位居石碑中心，現在我們知道它們大概是朝代或王國的意思。另外馬雅國王有自己的名字符號和宮殿，許多貴族也有自己的銘文和宮殿。馬雅社會中國王還行使祭司的職責，觀天象、祭天神、祈求風調雨順、繁榮昌盛。國王以神的

後裔自詡，因此擁有神力。所以這是一種沉默的等價交換，農民們擔負國王和大臣的奢侈生活，用玉米和糧食供奉他們，為他們修建城池，以期換來國王的豐年承諾。如我們所知，若大旱來臨，國王會因為失信於民，王位岌岌可危，朝不保夕。

從西元 250 年開始，馬雅的人口（從可考的房屋遺址來推斷）、石碑與建築的數目，以及刻在石碑、陶器上的長紀年曆年份這三個複雜社會的指標幾乎呈指數形式成長，到西元 8 世紀達到巔峰，最大的石碑被豎立於古典時期走向終結之時。上述三個複雜社會的指標在 9 世紀開始衰退，一直到所有石碑上的最後一個已知長紀年曆年份，即 10 伯克盾，也就是西元 909 年。馬雅人口、建築和長紀年曆的衰退，代表了古典馬雅文明的隕落。

馬雅文化

馬雅文化曾繁榮於墨西哥南部至宏都拉斯西部熱帶雨林低地，一直以來人們認為馬雅文明的黃金時期，就是由西元 250 年至 900 年間的「古典期」，而古典期之前的形成期，即由西元前 2000 年到西元 250 年期間，定居各地的農村人口開始增加，社會也慢慢開始發展，但到了發展期的末期，人口壓力再加上資源的不足，社會間開始有了激烈的競爭，產生了小規模的複雜社會。到了古典期的初期，馬雅文明亦開始興盛。

自 1970 年就有人開始進行馬雅文解讀工作，但到了今天都

未被解讀。馬雅文主要刻在神殿的石碑及牆上，記錄著國王的誕生、上任，以及戰爭等重要事件。可惜這些文字經多年來的侵蝕，牆上或碑上的文字已經被磨損，解讀工作並不容易，加上西班牙入侵馬雅時，燒毀了大量的書籍，以致馬雅文的原文非常稀少，而且字形奇特，解讀工作難以進展。馬雅文的文字是縱寫的，與中國漢字一樣有表音與表意的功能。

馬雅文有很多表現日期的地方，但馬雅文內的日期單位都非常複雜，而馬雅人所用的「曆」主要是「長期曆」，與西方曆法相同，都是由某一日開始作為第一天計算，而這個開始日據估計為西元前 3114 年 9 月 6 日。

除了長期曆外，還有以 260 日為週期的宗教曆，6 個月為週期的太陽曆，29 日及 30 日為週期的太陰月曆，365 日為週期的太陽曆等不同週期的不同曆法。阿茲特克（Aztec）和馬雅人一樣使用一些複雜的曆法，有 20 天為週期的太陽曆及 260 日為週期的宗教曆。阿茲特克一年的定義是太陽曆的 20 日週期的 18 個月再加上最後 5 日為一年，這兩個不同週期的曆組合起來就成了 52 年為一個單位的循環。

除了文字外，一些民族會以結繩的方法來記錄。就以印加文明的結繩語（Kipus）為例，因為有時被稱為結繩文字而被人誤認為是一種文字，其實這種結繩語是在一條繩子上結上多個結，利用這些結來表達意思，繩子多為毛繩或棉繩。基本上結繩語的結數代表十進制中的個位數，不同的位置代表位數，

繩子方面也有多種顏色，不同種類的繩代表不同種類的計算對象。這種結繩文字在龐大的印加帝國中的管治方面起了重要的作用，因為印加帝國領土範圍最遠有方圓 4,000 公里，人口及稅收的管理需要一個有效的記錄工具，結繩語就順理成章的用做了管理，由「結繩語官」來管理。由於結繩語有管理的功用，因此，它除了是一種記錄的工具，更是一種鞏固王權的手段。

來自西班牙的蘭達修士於 1566 年，見到叢林中如高塔般威風凜凜的神殿時，簡直不敢相信自己的眼睛，徘徊流連數月之後，他作了筆記如下：「都是用雕鑿得十分精細的石塊砌成，儘管當地沒有任何金屬器具可用。」

至今，在密林中還不斷發現馬雅遺蹟群，其規模超過了現代人表面的判斷能力。例如，最近才開始挖掘的可巴大都市遺蹟，已發現有 6,500 座建築物。而且，由此都市伸延出名叫沙庫貝的道路有 42 條，通往其他四面八方的馬雅城市如吉強・伊札及德魯姆等。

住在這個區域的馬雅人，據推測，約有數百萬。由於土地十分貧瘠，不適合農業，故而本地只有木瓜、香蕉、柑橘、椰子等的栽培。

據土著口述：祖先是大賢者，金字塔大多是祖先的遺物，祖先們過著和大自然調和的生活，不殺動物，也不養家畜，生物在自然中，各保有原本的生態。馬雅人唯一的神祇是古古魯汗（又名闉茲阿爾柯阿多魯），以長有羽毛的蛇為其形象，並且

不管是人類也好，動物也好，都不用犧牲祭拜，僅獻上鮮花、果物、柯巴脂香以及日常的善行。

他們的民法中，沒有殺人罪。他們以為，人殺人是難以想像之事。沒有監牢，沒有奴隸，男女皆受教育 7 年。教育的目的，在教導個人的精神進化。

一般大眾之間，為了幫助失去肉體前完成靈魂進化，得透過火葬儀式，消滅受個性影響及依依不捨的肉體，然後，把骨灰納入翡翠制的舍利箱內，再埋葬於寺院。

然而，對他們而言，最重要的是生前已克服死亡。精通馬雅奧義的人們，在 10 世紀初葉，像物質一般的消失，說明了他們的教義及其實踐的存在。亦即，他們精神進化的極限，在於捨棄肉體，或者，他們用不著宇宙飛船一般的技術，就能脫離肉體，化作星塵氣體，往宇宙空間散去。也許這種想法，並不完全合理，可是馬雅人的偉大文明確實著重於這種精神的進化。在南美宏都拉斯的馬雅文化遺蹟所發現的水晶頭骨，由外表完全找不到削、磨的痕跡。這個連現代技術也不易做成的水晶加工品，究竟以何種技術完成的呢？

這些出土加工品被稱為「歐帕茲」，除了上述幾種外，尚有金鎖、鐵製的鑰匙、器具的金屬把手等。究竟是誰的創作，有以下幾點說法：有認為可能是遠古時代，某一個極為文明的文化所留下的，而這個文明因某種原因完全消失；另一方面，有人認為可能是外星人造訪地球後遺留下的。

馬雅人以幾乎零誤差和令人驚異的正確度來設計，建設太陽和月亮的神殿。古代馬雅人所使用的月曆，比我們現在所使用的月曆更正確，其誤差不過是萬分之二。

有一位蘇俄語言學者克魯洛夫將馬雅碑文分門別類，基本的內容有宗教儀式、氣象現象和農作物等。

直至目前為止，史前文明所留下的遺蹟，有許多是超過現代科學所能理解想像的，有的甚至運用了現代科技也難以達到的成就。

▌馬雅文化之謎的假說

直到目前為止，幾乎整個馬雅文明都籠罩著一層謎，就像在拒絕我們去解析，把自己閉鎖於陰沉的黑暗中。的確，有關 9 世紀時，馬雅滅亡的假設層出不窮，比如天災說、傳染病說、經濟問題說、社會問題以及集體自殺說等等不勝枚舉。但是，儘管種種假設眾說紛紜，卻沒有一種假設有充足的證據讓人信服。

因此，美國的艾力克和哥雷克兩兄弟便提倡「馬雅文明為外星人的結晶」之說，從這方面來探索馬雅之謎的確可以找出許多具說服力的證據。兩兄弟之所以強調馬雅文明來自外星的說法，最主要的根據是馬雅的「卓金曆」。這是一種讓現代人類感到毛骨悚然的曆法，那是以一年為 260 日為週期的曆法，但是，我們的太陽系中，卻沒有能適用這個曆法的星球。兩兄弟

認為擁有高水準的天文知識的馬雅人，並非故意編造公轉週期毫無根據的「卓金曆」，這個曆法實際上是馬雅人用來表明自己的故鄉、地球外的行星上的曆法。

艾力克兄弟進一步指出，外星人（即馬雅人）是在數十萬年前，為了採礦離開故鄉的行星來到 X 行星。但是，由於 X 行星發生大爆炸，使他們移來地球避難。他們最初居住在溫暖的南極，但其後冰河期來臨，故向北方移動，最後到達之處就是中美洲的密林。

他們所提倡的說法中，有幾點能對目前的問題提供解答。如下：

1. 誠如舊時代的文明興盛的原因，他們故鄉的行星供給他們食物，也有宇宙飛船。所以馬雅族不必居住於肥沃河川的流域。

2. 文明時代的馬雅，因拒絕和當時還原始的地球人接觸，所以雖然建造了深具文化水準的都市，但仍採取封閉的政策。

3. 為了建造石造都市群，他們使用了當時還未有的種種工藝技術，及利用原住民為其勞動力。

4. 大部份被視為「奉獻給神的祭品」的宗教儀式，其實是地球人的人體解剖及醫學手術。這些祭品的場面也殘留在雕刻及壁畫中。

5. 外星人（馬雅人）之所以於 9 世紀時一起離開地球，是因為墨西哥高原的印第安人發動戰爭，欲將馬雅文明占為己

有。於是馬雅人就將所有的設備、器具放在宇宙飛船上，飛向外層空間。有一冊大概能證明這種說法的書籍，那就是於 18 世紀初，由基督教的神父法蘭西斯‧喜梅奈斯所發現的「波波爾烏夫（瓜地馬拉州印第安的起源歷史）」，書中並沒有記述馬雅人自己的事，而是在講馬雅人自身的「神話」。

馬雅族在熱帶叢林地帶建造世界最大的超文明金字塔，所需的巨石至少必須從五公里以外搬運過來，並需再切成塊狀，那麼建造大金字塔的巨石是來自何處，又如何搬運？因此使人懷疑：馬雅人是否曾受到外星人的協助建造金字塔？

馬雅文化遺址

奇琴伊察古城

奇琴伊察古城遺址位於墨西哥猶加敦半島東北部的猶加敦州，首府梅里達以東 120 公里。它是美洲最發達的、世界著名的古代文明之一，即馬雅文化遺址。這座古城建於西元 435 年，11 世紀至 13 世紀城市發展達到頂峰。城內有數百座馬雅文化中期和後期建築物。1988 年作為文化遺產列入《世界遺產名錄》。

「奇琴」，馬雅語意為「水中之口」，因地表水多沿石灰岩孔隙滲漏到地下，只有在溶洞頂部岩層塌落的地方才能見到水，成為有水的天然井，故此得名。古建築群集中在南北長 3

公里、東西寬 2 公里的地帶，共有 676 座建築物。城市建築以天象確立方位，布局嚴密，結構合理，主要建築多圍繞方形天然水井或位於通向水源道路的兩側。城市分新、老兩部分，南部老奇琴伊察具有馬雅文化特色，有金字塔神廟、柱廳殿堂、球場、市場和觀象臺等。

天文觀象臺在庫庫爾坎金字塔南面，是馬雅文化中唯一的圓形建築。它建於一方形臺基的中央，高 22.5 公尺，內有旋梯連接各層，上層有精密設計的 8 個小窗口，透過這些窗口可以觀察到春分、秋分落日的半圓。馬雅人十分重視天文觀察。他們的天文學知識達到很高的水準。馬雅人透過觀察天象，不僅能夠相當準確地預測出日食和月食，而且能夠測出金星的公轉週期。

馬雅人在西元之初就制定了馬雅曆法，還制定了精確的太陽曆。現代天文學所測算的太陽年長為 365.2422 日，馬雅太陽曆年平均長度為 365.2420 日。太陽曆把一年分為 18 個月，每月 20 天，外加 5 天的一個月，共 19 個月，365 天，每 4 年加閏一天。精確的曆法是為了確定農時，太陽曆的前 18 個月都有自己的名稱，最後 5 天的一個月叫「無名月」。月份的名稱主要與播種、收穫等農事有關。

奇琴伊察的球場在中美洲同類建築中規模最大，現存 7 座。球場長 100 公尺，寬 35 公尺左右，四周有圍牆，縱向圍牆底部裝飾有圖案各異的淺浮雕。

　　北部新城建於 10 世紀至 13 世紀，已受到來自北方墨西哥高原的托爾特克文化的影響。主要遺蹟有庫庫爾坎金字塔、戰士神廟等建築。「庫庫爾坎」在馬雅語意為「帶羽毛的蛇神」，是馬雅人所崇拜的神祇，是風調雨順的象徵。庫庫爾坎金字塔建於 10 世紀，四方對稱，底長 55.3 公尺，高為 24 公尺，四邊稜角分明。整座塔呈階梯形，共有 9 層，向上逐層收縮。

　　頂部是一個高達 6 公尺的方形壇廟，總高 30 公尺。廟內置放著一尊紅公美洲豹雕刻石座，豹身鑲有晶瑩閃光的綠松石片和各種顏色的玉石片，據說是雨神恰克神的動物化身。廟內立柱飾有浮雕，圖案為馬雅人崇拜的羽蛇神和勇士。四面各有寬闊的石臺階直通壇廟，各為 91 級，加上最後的塔頂平臺，臺階數恰好是一年的天數 365 天。

　　奇琴伊察地處熱帶，每年 3 月至 9 月為雨季，其餘為旱季。3 月春分，出現雨蛇神「自天而降」的奇景，古馬雅人認為它帶來了雨水，便著手耕耘；9 月秋分，雨蛇神「升天而去」，意味著旱季開始，此時古馬雅人載歌載舞，以示慶祝。金字塔方位為南偏西 17 度，春分、秋分是晝夜平分的日子，太陽自正西下落，故奇景出現不是偶然的巧合，而是馬雅人精密的天文計算與精湛建築藝術相結合的產物，反映了古代馬雅文化的燦爛成就。建築群古蹟幾個世紀以來受到殖民者的瘋狂掠奪。金字塔旁邊有一直徑約 60 公尺的水池，古馬雅人認為是雨神居住的「聖湖」，曾投入大量的金銀珠寶和少女以祭祀雨神。20 世紀初，美國人愛德華・湯普森僅用 17 美元就霸占了「聖湖」及周

圍大片土地。後派人從水中盜取上萬件金銀玉器和其他文物，以高價賣給美國皮博迪博物館及私人收藏者。墨西哥政府經多年交涉和抗議，才收回部分文物和玉器，現存放於梅里達博物館。

烏斯馬爾古城：晚期最偉大的宗教中心

烏斯馬爾（Uxmal）古城位於墨西哥猶加敦州的普克山中，是當地印第安文明古典時代晚期最偉大的都市和宗教中心，1996 年作為文化遺產列入《世界遺產名錄》。

7 世紀至 10 世紀，烏斯馬古城達到全盛時期。從西元前 800 年就有人定居生活的烏斯馬爾成了猶加敦半島政治、經濟和宗教的中心，直到 12 世紀這裡才逐漸衰落下去。整個烏斯馬爾城的布局體現了馬雅人軸對稱的建築思想，所有的重要建築物都放在南北向的中軸線上。在烏斯馬爾城中軸線上，從南向北依次是南神殿、鴿子宮、廣場、大金字塔、烏龜宮、球場、魔法師金字塔，整個布局均衡中求變化，氣度非凡。10 世紀時，顯然是受到托爾特克印第安人的影響，該城被遺棄。

現在城內許多建築所通行的名稱，是後來的西班牙殖民者們新創造的，也未能描述出建築的真正功能。例如，納內雷（意為女修道院）因其建築外表與西班牙人的修道院相似而被冠以此名，其實該建築的真實用途是一所培訓巫醫、天文學家、數學家、巫師和祭司的學校。但另一著名建築馬吉爾（意為魔

法師）金字塔的命名就準確多了。根據不同版本的古代神話，傳說一位僅有一隻手的魔法之神 —— 伊察姆納在一夜之間修建了這座金字塔。

雖然從考古發掘我們可以得知，該金字塔的修建歷經了 5 次擴建。這座金字塔的有關神話傳說描述這座雄偉的建築，尚差強人意，但實際上它是烏斯馬爾古城裡神聖的宗教儀式中心和獻祭場所。馬吉爾金字塔是烏斯馬爾城中最高的建築，高約 30 公尺。它巍峨地屹立於藍天白雲之下，塔基分為 3 層，塔頂建有一座神廟。在塔的西面有一道突出的石階，可直通塔頂。沿石階而上，到達塔基的第 3 層時，必須穿過一道窄窄的石門。

烏斯馬爾的整個城市布局非常特殊，其主要建築是根據當時所知的行星的位置而排列。代表金星的建築處於最顯著的位置。馬吉爾金字塔位於東方，每當夏至的那一天，它西面的梯道就正好對準西沉的太陽。這些表明古代美洲印第安人已懂得精確的天文曆法，反映了他們高度的智慧。

馬雅文化的出現

在世界文化史上，有著不少解不開的懸案，其中一個不能不稍微著墨的是馬雅神祕文化。

很多人也許聽過馬雅文化故事的一鱗半爪，以為一定是恆古已存的老文化系統。其實馬雅文化不比希伯來、雅利安悠久，嚴格一點來說，相比起來，才不過是初生嬰兒。馬雅文化

之所以令人嚮往，是由於其在西元 4 世紀至 10 世紀有過一段非常燦爛的文明，而且可以說是前無古人的奇異文明，至今仍然令人瞠乎其後。

但最奇怪的是，當馬雅民族到達最巔峰的時候，卻突然消失得無影無蹤，整個古城被森林吞沒，而且完全消失於歷史當中，亞特蘭提斯仍有遠古集體記憶，還有柏拉圖隻字片語的紀錄。

馬雅民族？竟然像從沒有存在過一樣！

直至上世紀，有個探險家在墨西哥境內的森林迷路，才將馬雅民族的光輝再現於世人眼前。

▋神祕消失

據說馬雅人在西曆 909 年的某一天，80% 的人口突然明顯地消失了，僅留下未建好的寺院。自當天起，祖先的睿智也急速消失，殘留下來的馬雅人開始變得無知與頹廢。

馬雅文明最大的謎是：為何從熱帶雨林的叢林深處消失？在西元 600 年，整個馬雅民族離開了辛苦建築的城池，捨棄了富麗堂皇的廟宇、莊嚴巍峨的金字塔、整齊排列雕像的廣場和寬闊的運動場。馬雅文明開始式微，徵兆是不再雕刻石碑。以提卡爾而言，當地最後一塊石碑完成於西元 869 年，整個馬雅區最後一塊石碑則完成於西元 909 年。不但如此，神殿、宮殿等最足以代表馬雅文明的建築不再興建、彩陶不再製作，一般

民眾也很少興建新房舍，城市四周的人口急遽減少，考古學家估計當時的提卡爾人口，至少減少了 25%。

在提卡爾遺址上，考古學家發現許多覆蓋於岩石及崩壞的拱形屋頂之下的墳墓，卻未發現任何修復的跡象。附近神殿和宮殿的壁畫也受到嚴重的破壞，石雕人像的臉部多半被削掉，石碑也被移作其他建築的建材。這些現象證實有外族入侵，馬雅人根本來不及抵抗便潰退了。

在猶加敦半島，馬雅人於西班牙人入侵之前，就因流行病與內亂衰亡了，可是有關 9 世紀時滅亡的叢林、馬雅的消滅，卻至今都毫無線索可追尋。當時的陶器不是突然放棄不再製作，而是放棄原來的製作方式，改製比較薄而質地更為精細的陶器。但是，這種陶器在使用不久之後，馬雅人也放棄了，原因可能與傳統支配階層崩潰，對陶器的需求性消失有關。

有一派學者認為是因為城內糧食不繼，建於叢林中的馬雅帝國，在發覺此地無以維生後，便做了一次種族大遷徙，來到齊干伊莎（Chich'enItz'a）定居，又綿延兩個世紀才滅亡。也有學者認為，馬雅帝國外受遊牧民族的襲擊，內部則因發生內亂，整個帝國在遭受巨變後，潰退逃散，然而何以勝敗兩方面都走得無影無蹤？沒有人能夠找到合理的答案。

從 10 世紀初期開始至 1492 年發現美洲大陸，約 600 年間，中美洲的居民，深陷於因無知而起的戰爭，以及性與頹廢的深淵中。16 世紀西班牙人進入猶加坦半島後，從只有 1 種馬雅語，

分化成 27 種方言。

　　馬雅文明消失的原因眾說紛紜，大多數人相信當時遭受地震、颶風的侵襲，加上人口爆炸、糧食不足、農民暴動和異族侵人等原因，造成馬雅文明的衰亡。但是，確切的答案還未出現，這個祕密的解開，有如拼圖遊戲一樣，目前才剛剛開始。

　　馬雅人真的已經在這世間消失了嗎？當人們悠遊於造型雄偉的馬雅古城，沉浸在其風格獨特的藝術領域時，很自然地會以為「馬雅人」早已成了歷史名詞，事實上，目前在中美洲還有大約 250 萬的印第安人，說著馬雅語，不論是臉部特徵（杏眼、獅鼻、高額頭）、生活習慣，還是各種手藝技巧，都顯示出這些印第安人是馬雅的後裔。對於這些散居各地的馬雅後裔而言，輝煌的時代雖然已成追憶，但是他們並沒有因此放棄原有的民族性與傳統，在現實的政治與現代文明衝擊下，他們依然在艱苦中成長，並且生生不息！

第二章
馬雅文明

馬雅文明之發現

在瓜地馬拉東部有一大片廣大的熱帶叢林。1849 年，有兩名白人來到此地，一個是美國人約翰・史蒂文生，另一個則是英國畫家佛萊迪力克・嘉烏德。但在兩位白人探險家前來此地之前，馬雅的超古代文明遺蹟早已封閉了。當時中美洲正發生巨大叛亂，所以兩人一開始探險就被捕，數日後兩人才被釋放繼續探險。二人僱了當地的嚮導，經過幾天後終於發現一高約 30 公尺的石壁綻放出耀眼的光芒。渡河之後兩人看到了比想像中更為壯麗的遺蹟。巨大的雕刻、石柱、祭壇，表面都刻有人物、動物及象形文字。另外，還有一巨大金字塔型的建物聳立於林木之間。其次在東側也有一高大的神殿，刻著 2,500 個「神聖文字」及各種奇異又美麗的雕刻。

史蒂文生二人的探險工作持了數年，新的遺蹟不斷被發現，而此文明遺蹟之謎，也變得愈來愈難解了。史蒂文生對馬雅遺蹟中最美的帕連卡遺蹟作了描述：「這裡有卓越的人們所擁有的精緻文化遺蹟，但這些人在建造了黃金時代後，隨著民族的興亡完全被消滅了。」馬雅文明以瓜地馬拉和巴里約為發展中心，幾乎覆蓋整個中美洲，而最繁華的地方是瓜地馬拉南部平原的貝登。這個文明於西元 7、8 世紀時，繁榮到了極點，僅僅隔了一個世紀，突然間，神殿被放棄、許多巨型建築乏人保護，紛紛淪為斷垣殘壁的廢墟，各地的祭祀中心也完全停止活動。

密林中的馬雅文明

叢林中的馬雅文明

馬雅文明在猶加敦半島（Yucatan）和墨西哥南部附近的熱帶雨林中誕生、繁盛，最盛的時期稱為「古典期」（西元 250～900 年）。以高大的神壇金字塔林立的地區為中心，與其四周的農村一起形成一個個王國，這些好像城邦的王國散布各地。

馬雅文明的偉大成就就在於完成文字和曆法的體系。馬雅人以 20 進位法為基礎編出幾種曆法，包括由 20 個文字和 13 個數字組成的 260 天週期曆，以 20 天為 1 個月，由 18 個月加上 5 天而成的 365 天週期曆，以及以西元前 3114 年 8 月 13 日為第一天來計算天數的曆法等。

國王利用文字和曆法，將即位、戰爭、祭典的紀錄和王朝系譜秀於石碑或平板上，但西元 909 年以後不再出現，古典期的馬雅文明從此消失。

目前還無法得知古典期馬雅文明崩潰的原因。

馬雅地區於 1 萬年以前就有人居住。西元 300 年到西元前 100 年左右，此地已有形成國家的雛形，古典期馬雅文明就是在這種環境下形成的社會與文化呈單一化的組織。他們一直以石碑標明統治中心國王的動態，為此我們可以認為，不斷建立石碑的期間，就是古典期馬雅文明的存續期。

馬雅文明的古典期以西元 600 年為界，分為前期和後期。古

典期前期是以提卡爾和華夏克頓為中心，在佩添低地（Peten）大肆發展的時代。古典期後期則是包括帕連克（Palenque）、耶朱地蘭（Yaxchilan）、柯巴（Kabah），以及柯班等周圍地區各自形成獨立的藝術形式，與提卡爾共存共榮的時代。

　　研究馬雅文明的興衰時，必須以較廣闊的地區，包括墨西哥、瓜地馬拉為中心的中美洲在內為研究對象。提卡爾繁榮的古典期前期，也是墨西哥市北方特奧蒂瓦坎（Teotiwacan）大幅成長的時代。特奧蒂瓦坎在最盛時期擁有將近 20 萬人口，貿易遍及中美洲，因此對鄰近地區的影響很大，但此都市也於西元 550 年前後覆滅。馬雅低地在 534 至 593 年間幾乎沒有建立石碑，大概是受到特奧蒂瓦坎滅亡的影響。

　　4 世紀末到 5 世紀統治提卡爾的「鷹勾鼻王」和「風暴天空王」，都是特奧蒂瓦坎保持密切的關係。當時提卡爾大概是與中央高原大都市攜手控制馬雅地區的交易活動，石碑建立中斷時期，就是交易結構重整的時期。因此考古學家認為，古典期後期是在周圍的新興勢力與提卡爾保持均衡的新秩序下發展的時代。

　　到了古典期後期，國王們的權力大幅擴張，因此出現華麗的宮殿、建造出作為國王祭殿的金字塔。但自西元 800 年前後起，周邊地區不再建立石碑，提卡爾從 869 年以後也沒有出現石碑，最後一座石碑是標示 909 年的托尼那遺蹟第 101 號紀念碑；此後石碑從馬雅消失，人口劇減，市街終於被放棄。

對於古典期馬雅文明的崩潰有許多假說，例如農地隨人口增加而擴大，因而破壞森林導致土壤劣化，以及突發的旱災、地震所引起的熱炎環境變化。也有人主張，是因遺族階級過度膨脹，導致農民叛亂或外族入侵等社會原因。

事實上，我們有證據可以證明古典期後期的王族生活逐漸奢侈、階級差距加大的趨勢，發現雕刻、浮雕上的戰鬥場面頻繁出現。曾幾何時，戰爭的目的在於獲得俘虜和貢品，國家間仍能維持共存的關係，但到了 8 世紀後半，卻變成殘酷的征服戰爭。

異族入侵的痕跡也很明顯。進入 9 世紀以後，由賽巴爾等烏蘇馬辛塔河（UsumacintaR.）流域的多數遺蹟中，發現橙黃色的新型土器，外表不像馬雅人的人物也出現於紀念碑上。

特奧蒂瓦坎崩潰後，中美洲喪失重心，秩序大亂，引起各地民族移動的風潮。其中，墨西哥灣岸的浦東族除了開拓新的交易路線，以進入中央高原南部外，也到達馬雅的核心地區。馬雅崩潰的導火線，可能是外來的壓力，但真正原因似乎源自馬雅社會之中。

古典期前期的馬雅，經特奧蒂瓦坎與各種不同的外來文化接觸，並積極吸收外來文化。但古典期後期的馬雅社會固步自封、社會結構僵化、文化喪失活力，多數國王希望以擴張領土為手段打破僵局，但仍避免不了同室操戈。

馬雅神柱

馬雅文明初現時開啟了華麗的新局，後來卻因誤入歧途而自取滅亡。

哥倫布在 1492 年中美洲發現新大陸，但當時的馬雅已剩一群落。曾叱吒一時的馬雅已今非昔比。然而這裡卻是一個偉大古文明的發源地；這裡曾有過輝煌的歷史及先進的科技，甚至遠超過現今所能理解的；有著謎一般的宗教，以至今仍然吸引著不少的人苦心研究。

曾幾何時這裡有著身穿羽毛及翠玉為飾的祭司，觀察天象，舉行著各種民族儀式及祭典，使用比近代許多日曆更為準確的太陽曆。並成為最早發明「0」觀念的民族。馬雅有著豐富的天文、地理及各種的智慧，那這樣的一個文明，到底是怎樣消失的呢？

馬雅文明以於西元 7、8 世紀時，繁榮達至頂峰。但卻在僅僅一個世紀，便將所有的神殿一一放棄，巨型的建築物亦無人問津，漸漸地成為廢墟。這文明到底是怎麼興起，又是怎麼沒落？西元前 1150 年，正是奧爾梅克文明的繁盛時期，但在其式微後，中美洲的各文明漸漸繼承，其中包括馬雅。

西元前 600 馬雅漸於熱帶密林中發展起來。當時並沒有出現大型的建設。但在 300 年後，不但出現了祭壇，而且出現了以玉翠和貝殼當貨幣的交易，陪葬品也出現了代表階級的差異。這表示那時的馬雅已有社會階級之分。

馬雅殘暴的祭祀

馬雅的祭祀是充滿著血腥的，最常舉行的儀式是「流血」。這種儀式必須手持盛者由舌頭、耳朵、手腕、陰莖、鼻子和腳掌取得血液，再獻給神祇。取血的方法都是利用尖的魚骨或黑曜石刃，在人體挖個血洞中取血。取血後會在血洞中塞進一叢草或一條繩，目的不是為了醫治而是想止血。另外，開膛破肚、斬首等各種儀式也在馬雅人所留下來的文明清楚地表現出來。舉行活人祭神的儀式時，準備用來祭神的活人會躺在藍色的石臺上，由四個人抓著，祭司會用刀刃在乳頭下方刺進，再挖出心臟，活祭品來不及發出任何聲音之前，已一命嗚呼。而且馬雅人相信水池或井底是雨神的家，所以會將活人丟入，祈求降雨。馬雅曾經有著如此繁榮的歷史，到底是何原因以致其沒落？馬雅文明的消失，有很多不同的說法；大多數的學者相信這是因為遇到地震及颶風等天災侵襲，加上人口爆炸、糧食不足，農民暴動和異族入侵等原因而衰亡。但目前尚未有一個肯定的答案。

馬雅文明的發展

馬雅文明之發現

世人重新了解馬雅文明，是在邁入 19 世紀後。1822 年英國人陸續著手研究馬雅文化，並推論說，馬雅文明是由舊約聖經

中的「失落的十部族」的後裔所建造的。

　　馬雅人為何在密林中建聖都呢？以馬雅文化所展開的地區極為寬廣，面積約為 30 萬平方公里。在此區域全是熱帶雨林，由於溼熱，幾乎成了流行病最盛行的地方，而且到處充滿了可怕的野獸。一般文化的發展皆選擇河岸邊的肥沃土壤，而馬雅文化則是在如地獄般的環境中建造出光明都市。

　　當馬雅文明發展到巔峰期時，馬雅區的藝術已經發展出一致的格式來。這時的人口也增加很多，以提卡爾來說，便多了兩倍以上。隨著人口的增加，神殿和宮殿等大型建築也如雨後春筍般四處冒起。提卡爾出土的神殿基壇，一半以上的下方都是墓室，因而學者認為神殿基壇是為紀念死者而建造的。死者多半是皇族或貴族，平民沒有權力，也沒有能力為自己營造如此宏偉的墓室。

　　大神殿都市是馬雅人神聖宗教之地，同時它們還擁有宇宙大學的機能。都市相互間，是在完全計算下調和地存在。各都市絕不是因一時興起而建，而是在計劃其目的與機能下建成的。例如吉強‧伊札在地理上，即為觀測天文的最佳場所。

　　吉強‧伊札，也能具體地看出馬雅神殿都市的實際機能。例如古古魯汗金字塔的主要寺院，從 4 時半至 18 時半止，可以觀測太陽，特別是 3 月 21 日及 9 月 23 日的春分秋分，同時也可記錄其軌道情形。這兩天，（或者前後 2 到 3 日）金字塔上出現了不可思議的光和影所構成的圖形。

馬雅的金字塔

夕暮的太陽光線照在九段的金字塔上，出現了 7 個等腰三角形的光帶，光帶的一端，正好通到金字塔土臺上巨蛇的頭部。瞬間產生的等腰三角形，屬偶然之說，已遭否定，光與影已證明是數學上的計算及設計而得。

每年觀光客從世界各地湧至此處，只為了一睹奇蹟。這天，居民們會認為「古古魯汗」由天而降、手撫蛇首，並授予聚集此處的神祕能源作恩惠吧！

金字塔

馬雅金字塔與埃及金字塔並不完全一樣。埃及金字塔幾乎是方基尖頂的方錐形；而馬雅金字塔的每個側面不是三角形，而是梯形，它的下部為階梯，上面是平臺，平臺上通常還建有廟宇。埃及金字塔的形狀幾乎都一樣；馬雅人卻把他們的金字塔建成各種風貌的變體，有的甚至有六十度左右的陡斜坡度，從塔腳下向上望去，塔身高聳入雲，十分威嚴神聖；這給金字塔下的觀眾有通天的感覺。馬雅金字塔的數量驚人，大致分為四種類型：一是平頂金字塔，上建廟宇，最為常見。二為尖頂金字塔，僅見於提卡爾城。三是壁籠式金字塔，塔身雕鑿了 356 個方形壁籠，恰好代表每一天。四為陵墓型金字塔，目前只發現過一次。金字塔的另一功能是供祭司們觀察天象。在沒有望遠鏡的情況下要準確地觀察，就必須站在一個極高的位置，從

而越過茂密的叢林，將視線投射到遙遠的地平線上。馬雅祭司對天氣、農時的準確預報，依靠的就是他們長年累月不間斷的觀察和記錄。

至於這個金字塔如何依天文學目的而建，可由下列數字看出：金字塔 4 面各有 52 個 4 角浮雕，表示馬雅的一世紀 52 年（365 天的太陽曆和 260 天馬雅獨有的卓金曆，再次回到始點的期間）。

13 個角代表一年 13 個月（卓金曆 20 天 ×13 個月 = 260 天），又有 91 階布於 4 面，91×4 = 264，加上最上 1 階共計 265 天，表示太陽曆的一年。

金字塔內部和埃及金字塔的內部相同，設有信道反房間，那裡是精通深奧教義的祭司們受教之地。形成光帶的階梯右邊，緊鄰通往內部寺院的小內部階梯。寺院和外部寺院同樣有 9 段，象徵完全的人間（9×9）。階梯的頂端，有 72 個鑲翡翠的紅色美洲虎石像通往房間，這裡表示祕教教義的一個階段。第二階段，可由祕密通路（觀光客還不能進入）通往第二房間。在第二房間，可以看到有關內分泌腺機能及透過內分泌腺生體能源流動的生理解剖圖。再往上，即可到達金字塔的頂端出口，吉強‧伊札的景色，馬上展現在眼前。為了和宇宙睿智互相感應而建的莊嚴建築物，也好像唾手可得一般分布在眼前。

神祕的發展過程

這個文明是如何興起的？為何在繁盛期突然滅亡呢？西元前 1150 年，正是奧爾梅克文明以聖羅倫索為中心的繁盛期，其中包括了馬雅文明。西元前 500 年左右，由恰巴斯至瓜地馬拉熱帶叢林中開墾，建立了壯大的都市，成立了馬雅文化。

早在奧美加時代，馬雅地區已出現許多新興市鎮，同時出現使用陶器和過著農耕生活的型態。不過，當時馬雅低地平原一帶，即後來馬雅文明的巔峰地帶，卻一直到西元前 100 年才出現陶工。所以在此之前的陶器，可能是從奧美加人手上傳遞過來的。

西元前 600 年，有「馬雅之珠」之稱的提卡爾開始自熱帶密林中發展起來，當時還沒有出現造型繁複的裝飾和公共建築。西元 300 年以後，這顆珍珠散發出璀璨的光芒，不但出現了代表文明的祭壇，而且以翠玉和貝殼當貨幣從事交易，陪葬品也出現代表階級高低的差異，這都證實了提卡爾已經出現社會組織的型態。

有些學者認為馬雅複雜而規模龐大的神殿，不可能突然在熱帶叢林中冒出，很可能是來自中南半島的古文明，越過太平洋傳至中美洲，才使馬雅的神殿文化出現。

有學者認為崇拜蛇形神的習俗源自四千年前的中國商朝，商朝銅器祭皿上的浮雕紋和馬雅人蛇形神的面具十分類似。有些人便借題發揮，說遠在舊石器時代末期，人類可以跨越白令

地峽由西伯利亞到美洲去，馬雅人的祖先就是在這個時候由中國過去的，後來地峽消失，他們回不了亞洲，只好在美洲落地生根，並且建立足可與中國文明相提並論的馬雅文明。這種說法純屬臆測之辭，馬雅人的由來將與印第安人的由來一樣，成為世紀之謎。

其實馬雅文明也是從原始農村，逐漸進步的高度文明，大神殿的出現正承繼了奧美加、迪奧提華康的建築遺產，實在是理所當然之事，與中南半島的古文明完全無關。馬雅文化式微之後的奧美加遺產由中美各地的文明繼承。

馬雅文明 —— 千年的祕密

多年來，馬雅文明的興起與衰落使學者百思不得其解！在中美洲廣闊平坦而貧瘠乾旱的環境中，馬雅文明從西元前 2000 年前開始發展，直到西元後 200 至 300 年後進入文明的黃金時期，一直到西元前 10 世紀時，突然崩解消失，留下數以萬計的文化和文物遺址，諸如：金字塔、建築物、文字、天文曆法、算數、藝術、宗教祭禮、農業系統、城市、政經組織等，足以和人類歷史上的任何偉大文明相抗衡媲美。

大多數的考古學者皆同意遠在冰河時期，一群來自亞洲大陸人類跨過了當時尚在海面上的西伯利亞白令海峽陸橋，到達了美洲大陸，他們是美洲大陸第一批移民，也是如今中美洲的原住民。學術界直到 19 世紀才意識到馬雅文明的重要性，開始

致力於馬雅學的研究，但是由於在距今約 3、400 年前西班牙人的入侵（殖民）中美洲，使馬雅文明下的大量手卷與圖畫付之一炬。

其中最有名的破壞者為天主教徒蘭達（ Friar Diego de Landa ）他在西元 1562 年下令將 27 卷馬雅經書、5,000 尊馬雅雕像全部燒光，在他那本著名的書《 Beforeand the Conquest 》中描述：「這些馬雅人也用文字在書中記錄他們的歷史與科學，我們也找到大量的這類經書，不過這些書除了迷信與魔鬼的荒誕外別無他物，因此我們將之全部燒毀；這些馬雅人顯露出極大的悲傷，整件事帶給他們極大的痛苦。」就這樣，古馬雅人千年來所累積的智慧結晶在一把火之間全毀了！令人髮指的是，他還將馬雅祭司全部抓來活活燒死，不僅將記錄這馬雅文明成果的經書消失於世，連先後繼承馬雅文明智慧的關鍵人物也被斬除，使得馬雅文明遠得以流傳後世的一線生機就這麼斷送在達蘭手中。

前黃金期 Pre-Classic Period（2500BC 至 250AD ）據出土文物鑑定，大約在一千多年以前，中美洲馬雅文明的範圍內已經布滿聚落型態的小村莊，許多陶器碎片更標示著馬雅文明前黃金期的開始。當時文明發展已脫離早期單純的形式，朝複雜深廣的方向走去，日後馬亞文明黃金期許多成就的發展，有不少在此階段即已初具規模。馬雅人的村落屋舍，從黃金期開始之後並無太大改變，以茅草泥塊搭建的小屋，住著小家庭式的住

戶，在中美洲，仍可見到這樣原始簡單的住屋。

　　在世界上有著許多古代文化，其中以馬雅文明最具羅曼蒂克色彩。在英文辭典中，就連「MAYA」也成了神祕、高深莫測的代名詞。馬雅文明在距今 500 多年前謎樣地消失了，它的祕密都藏在中美洲神祕的熱帶叢林裡。

　　馬雅的金字塔、天文臺、宮殿、球場、紀年碑林及種種奇異的雕塑，無一不帶有異域情調、離奇古怪的遐想，馬雅那難以破解的象形文字像是艱澀又誘人的謎題，深藏著過去的無數奧祕，帶有某種神祕的魔力，雕有馬雅文字的石碑，矗立在叢林的深處，神祕而莊嚴，雕刻精美巧妙，裝飾多樣而豐富！和其他民族的作品全然不同，他們堅守在滄桑巨變的土地上，馬雅文明是中美洲原住民在和亞洲、非洲及歐洲古代文明相互隔絕的條件下誕生的偉大文明。

　　我們現在所使用的月曆，一年以 365.2425 日計算，馬雅當時的天文學家則以 365.2420 日計算，根據目前最頂尖的天文學家計算，一年應該是 365.2422 日。由此看來，古代馬雅人所使用的月曆，比我們現在所使用的月曆更正確，其誤差只不過是 0.0002 天，換算成秒，一年只差 17.28 秒。

　　且在科學（天文、曆法、工程、數學）、農業（玉米、蕃茄、可可、菸草種植）、文化（象形文字、編年史）、藝術（雕塑、繪畫）等多方面都有巨大貢獻。我們常說四大古文明：古埃及、巴比倫、印度、中國，但這不是一個很科學的敘述，近

年來，國際史學界傾向於更具概括力的『四大文明區』說法，即東地中海文明區（埃及、美索不達米亞、亞述、腓尼基、希臘等）、南亞次大陸文明區（印度等）、東亞文明區（中國等）與中南美印第安文明區（馬雅、阿茲特克、印加等）。馬雅文化的神祕在於人們對他的認知少之又少，自 16 世紀西班牙征服者將之摧毀後，馬雅文明僅存的碩果也只能掩埋在叢林中、泥土之下了。

　　當 19 世紀的旅行家將信將疑地踏入這片深淺莫測的綠色海洋時，馬雅文明似乎已經成為久遠的傳說了。1848 年保存最完善的遺蹟——提卡爾（TIKAL）對外界而言是一無所知的城市，有位名叫門德斯的探險者苦苦追尋這座神祕的傳說城市，但是毫無所獲。直到 1956 年，美國 100 多位考古學家經瓜弟馬拉政府同意前往挖掘，才讓這座 130 平方公里、布局十分完美的傳奇城市重見天日。提卡爾城市中有 10 多座大型金字塔、50 多座小型神廟，文物種類眾多，包括西元前 6 世紀使用過的煤塊、馬雅人最先用於宗教目的，而後成為近代橡膠工業技術靈感的樹膠及來自太平洋大西洋的貝殼、貝殼包藏起來的墨西哥產出的綠寶石這樣遠來的貢物，還有古馬雅的社會生活、生產勞動、藝術創造、石器製造匠、陶器生產者、雕刻藝術家的石雕人像等等，像這樣的城市在馬雅文明區，發現不下百個。

有關馬雅文明的疑問

聖都為什麼建在密林？

馬雅文明所展開的地域極為寬廣。以瓜地馬拉貝田州的密林為中心，西邊是墨西哥的塔巴斯可州和恰巴斯州，東邊則從宏都拉斯至薩爾瓦多，北邊是墨西哥的猶加敦半島，南邊則包括比利茲（舊英國屬地瓜地馬拉）的山岳地帶，面積約為 30 萬平方公里。

根據考古學家的發掘，馬雅文明是於此地，從西元前 1500 年左右起，至西班牙前來侵略的 15 世紀止，約三千年間，綻放出深具光榮的文明。

現在我們所需了解的是，所謂的熱帶雨林，是個什麼形態的地方。生長著平均 3 公尺的雜草、桃花心木等等的巨樹（高 3 公尺至 5 公尺）覆蓋著天空，因此連白天也都處於黑暗中。

美洲豬、美洲虎、貘、鹿等等動物穿梭於叢林間。起伏的沼澤中，則有毒蛇、毒蜥蜴、巨大的螞蟻和毒蜘蛛等棲息。

由於常有驟雨，因此土地十分潮溼，而溼熱的氣候就成了疾病流行的最佳條件。埃及等舊大陸的古代文明，都是因受惠於河岸邊的肥沃土壤，才得以發展出燦爛的文化。而馬雅文明則是在如地獄般的環境中，歷經了三千年的時光，才建造出光明都市。

他們是怎麼建造都市群呢？

沉眠於瓜地馬拉北部、貝田密林中的迪卡魯是新大陸最大的遺蹟，也是「馬雅最古老的都市」。面積為 16 平方公里。現已在此地發現許多神殿、宮殿、僧院等等石造建築群，1 平方公里約有 200 個，共 3,000 座以上。

這座迪卡魯遺蹟的中心，是位在被三方彎曲山谷所環繞的臺地上，神殿群則在穿過山谷和森林之間。在此處所挖掘的「時間的石碑」上，刻有最古老的日期 292 年和最新的日期 879 年的志銘。

可想而知，這期間的 600 年應是迪卡魯文明的最盛期。在這裡又面臨了一則新謎題：他們未建造連接都市和密林的道路。即使經過詳細的挖掘調查，也仍未發現有這種道路。

從此處可得知他們雖知道車輪（出土附有車輪的玩具），但卻未加以實用化。既無搬運貨運的家畜，且至十世紀馬雅黃金時代崩頹為止，也全未使用金屬。那麼，建造大金字塔的巨石，是從何處，又是如何搬運的呢？根據都市所在的位置，巨石必須從 10 公里外的場所搬運過來。鑿出數噸的石頭，再切成塊狀，並堆砌高達 70 公尺。他們的技術究竟是什麼樣的技術呢？馬雅人既不用車輪，也不借助家畜之力，更不用金屬（如起重機等等）。

因此，他們應是以人力和石器建造出這麼多的巨石建築群。可是真的有此可能嗎？根據考古學家的研究，馬雅人的生

活是靠石器時代玉米的火田農業支撐的。如果他們是靠此維生，那麼他們又是如何學會連現代都相當困難的建築技術呢？

他們如何推算出精確的曆法呢？

最足以代表馬雅文明之謎的應是曆法吧！馬雅曆法有幾項深具趣味的特色。第一是單位的大小。馬雅曆法共有一日、一月（20 日）、一年（18 月）等 9 位數的單位，但其最高的單位一「奧頓」，相當於 230 億 4,000 萬日。

這是在能讀有關馬雅神聖文字的部份曆法後，馬拉的吉利庫亞所出土的碑文中，卻已記錄著溯及千億年前的過去時間了。馬雅曆的正確度顯示於太陽曆中。根據此曆，可計算出太陽曆實行的一年是 165.2420 日，與現代的天文學所計測的值 365.2422 日僅微差 17.28 秒。

這是比現行的太陽曆還更正確的數值。他們之所以能擬出如此正確的曆法，也是因為他們已確立欲計算出此數值所需要的基礎 —— 數學和天文學。首先有關數學方面，近代數學好不容易才將擬出的「0 的發現」用於記數法中，但他們卻毫不費力就已會使用了。

古代馬雅人十分關心金星，且更進而製出 584 日週期的金星曆。近代天文學家甚至還在金星曆上發現到一項驚人的事實，舉凡太陽曆的 8 年間，只與金星曆正好微差 0.4 日。顯然馬雅曆對身為地球人的我們而言，仍是十分有用的曆法，但此處

還有一個令我們毛骨悚然的曆法，那就是「卓金曆」。

這是根據一年等於 260 日的週期計算出的曆法，但我們太陽系中，卻沒有能適用此曆法的行星。亦即是在地球上毫無幫助的曆法。他們究竟是為了什麼，才編擬此「卓金曆」的呢？在這馬雅曆的背後，到底隱藏著什麼謎呢？

奇怪的祭祀儀式

一般都認為黃金時代的馬雅人＝叢林。馬雅（我們稱 9 世紀滅亡的馬雅為叢林馬雅，存活至 15 世紀的馬雅為猶加敦馬雅）是一喜好血腥宗教儀式的民族。

據說馬雅遺蹟中有個「恰克摩爾像」，此男子採坐姿，腹上放著一座臺，據說此臺是用來放置祭祀用的心臟。這顆心臟是被作祭品獻給神的活人牲品，因此才切開胸部，抓出跳動著的心臟。又據說為了證明是要奉獻給神，而弄傷其耳朵和臉頰等等，以讓其血流不止。現在我們了解馬雅的宗教特徵是，善惡相對立的多神教，且對眾神舉行嚴格又複雜的祭祀。

可是，若因此認為所有層面都已達高度文明水準的馬雅人為喜好血腥之人的話，則就過於輕率了。因為現已有古代馬雅人非常精通醫學的證據。所以，無論誰都不能妄自斷言「祭祀的儀式」不是外科醫生進行心臟手術。

為什麼會突然消失？

馬雅文明最大的謎是，文明已達隆盛的叢林馬雅，為何在西元 9 世紀左右，幾乎同時從熱帶雨林叢林深處滅亡了。馬雅滅亡的蹤跡，已經明顯地殘留在各都市中的「時間石碑」上。古典期馬雅的都市，在其曆法（每 7,200 日）終了時，都會留下紀念碑，可是，西元 790 年時，卻有 19 座密林都市消失了。

接著於 810 年時，減少為 12 座，830 年時則減少至只剩 3 座。雖然歷史上也常見到民族因戰爭而滅亡，但馬雅各布處卻無戰爭的痕跡，只殘留下遺蹟，就像煙一般地消滅了。除此之外，也無叢林遷往他處的行蹤。

他們形成黃金時代的馬雅文明，在頗具規模的聖都中興建金字塔、神殿、宮殿及撞球場，又為馬雅帶來和平繁榮，但卻在培育文明的密林中完全消滅了。既未留下文明的承繼者，也未留下任何能告知周遭人的傳說。

黃金時代的馬雅文明雖然消失了，但在猶加敦半島上，馬雅文明的猶加敦馬雅人為何獨自得以生存下來一事，或許可從挖掘席比查爾遺蹟中獲得答案。這座都市從西元前 1500 年至西班牙侵略的 15 世紀為止，實際存在 3,000 年的歲月。

因此，並非是創造黃金時代的馬雅文明的叢林馬雅移居至此地的。猶加敦馬雅是於西班牙入侵之前，因颶風和流行熱病、內亂，所以才衰亡的。可是，有關世紀時滅亡的叢林馬雅的消滅卻至今都毫無線索可追尋。

奇怪的能量場

這是墨西哥境內保存較完好的一座馬雅金字塔。

1968 年，一些科學家在探測金字塔內部時，發現了一種令人費解的現象：他們在每天同一時間，用同一設備，對金字塔內的同一部位進行 X 線探測，但所攝得的圖形竟無一類同。這到底是什麼原因呢？為了進一步弄清這一問題，科學家現在正以雷射來探測和解釋這一現象。

另外，美國的人類學家、探險家德奧勃諾維克和記者伐蘭汀，對中美的猶加敦進行考察時，發現了由許多通道互相連接的地下洞穴。起初，他們的考察工作很順利，發現道地的結構和金字塔內的通道十分相似，同時，他們還找到了古馬雅人的製作。但當他們繼續在道地中考察時，卻遇到了許多困難，德奧勃諾維克想拍幾張照片，但照了 9 張，只印出 1 張，而這張照片上所拍下的竟是一片渦旋狀的白光。他們頓時意識到危險就在眼前：是不是遇到了傳說中馬雅祭司留下來保護聖地的能量場了？於是探測只好就此停止。

金字塔內和猶加敦道地內的這種神祕的能量場，不禁使人聯想起使飛機和船隻經常莫名其妙地失蹤的百慕達三角洲。在那裡遇難的船隻和飛機一片殘骸碎片也沒有留下，甚至海面上連一點油漬也沒有。遇難前，它們差不多都向基地發出「已經接近海岸、全部儀器失靈」的報告和看到一片「白水」的驚呼，隨後一切聯繫都中斷了。那麼，在百慕達三角洲是不是

也存在著和猶加敦道地中一樣的能量場呢？特別是去年人們在百慕達三角洲海面下發現了一座金字塔，有人就推測馬雅人可能潛居在水下的金字塔內，或許他們就是這個魔鬼三角洲的肇事者。

▌叢林的神話

西元 1502 年，哥倫布最後一次遠航美洲，距離他第一次發現「新大陸」恰好 10 年。船在宏都拉斯灣靠岸，哥倫布和他的船員們興奮地踏上久違的蔥蘢陸地。在當地的市場上，一種製作精美的陶盆吸引住他的目光，賣主告訴他，這漂亮的陶盆來自「馬雅」。這個神奇的名字，第一次傳入了歐洲人的耳朵。

差不多又過了 10 年，一艘海船從巴拿馬前往聖多明各，途中遭遇海難沉沒，12 個倖存者登陸猶加敦半島。兩週之後，他們與馬雅人不期而遇，其中 5 人成為馬雅人祭壇上的犧牲品。逃脫的倖存者回到了西班牙占領區，心有餘悸地講述著他們的歷險。歐洲人與馬雅人的首次相遇，就這樣定格成為歷史的畫面。

1519 年，西班牙探險家科爾特斯（Hernan Cortez）率領西班牙軍隊橫掃墨西哥，征服正處於文明鼎盛時期的阿茲特克帝國，「剷除一個文化，如同路人隨手折下路邊一朵向日葵」。此時，馬雅文明已近尾聲，但在猶加敦半島上，還殘存著一些馬雅小邦。1526 年，一支西班牙探險隊前往猶加敦，試圖用暴力

建立西班牙殖民地，並強制推行基督教信仰。不肯屈服的馬雅人展開了長達百餘年的游擊戰，直到 1697 年，最後一個馬雅城邦在西班牙人的炮火中灰飛煙滅。

16 世紀的歐洲人，雙眼被無知、偏見和貪婪所矇蔽，除了閃閃發光的金子，他們什麼也看不到。在狹隘的宗教感情驅使下，入侵者四處蒐羅歷史文物，然後堆成一堆燒掉，用這種野蠻無比的方式，有系統地消滅「異教」文化。1562 年 7 月，在曼尼城中心廣場上，西班牙神父狄亞哥迪蘭達（Fr Diego de Landa）親手燒毀了成千上萬的馬雅古籍抄本、故事畫冊和書寫在鹿皮上的象形文字書卷。此外，他還砸碎了無數神像和祭壇。他得意洋洋地記錄道：「我們搜查到大批書籍，記載的全是迷信的玩藝和撒旦的謊言，我們乾脆放一把火把它們燒掉。當地土著眼睜睜在旁觀看，心痛極了，難過極了。」

心痛的豈止是「土著」！後來想探知古代文化和歷史真相的人，無一不為這場文化大浩劫感到揪心之痛！

無限燦爛神奇的馬雅文明沉落在幽黑的歷史深處，從此後世人欄杆拍遍，也再難喚回它寂寂的足音。只有 3 部馬雅手抄本，由於流落國外，僥倖逃脫厄運。這也許是古老的馬雅終不甘沉寂，而留給世人的最後一眼得以窺其文明聖殿的「匙孔」吧。

16 世紀殖民征服的烽煙漸漸平息之後，古代馬雅和其他的印第安文明一起被世人完全遺忘。此後將近 200 年間，自居

為美洲新主人的歐洲人一面大肆宣揚「印地安人無文明」的謊言，一面又把自己毀滅文明的殖民罪行美其名曰為「履行文明傳播的使命」。直到 18 世紀末，由於啟蒙運動的開展和歷史眼光的提高，西方人才又對 200 年來他們視而不見的美洲文明產生興趣。馬雅沉睡的密林深處迴蕩起陌生人的腳步，旅行者到這裡尋找傳說中的神奇和美麗，探險家到這裡尋覓藏匿千年的珍寶，詩人來這裡追懷一個杳然的世界，而考古學家想要尋回一段失落的文明。

從南到北，一個偉大文明的遺蹟不斷被發現：帕連克、科潘、提卡爾……一座座舉世震驚的千年古城被喚醒。20 層樓高的金字塔、遍飾精美浮雕的巨石祭壇、觀測天體運行的天文臺……一處處不可思議的宏偉建築使整個世界屏住呼吸。近兩個世紀的馬雅考古成就斐然，雖仍有無數謎團，但一個失落的馬雅世界，終於一點一滴地被尋回。

▌聖都沉睡於叢林深處

熱帶的叢林，即使是白天，陽光也照射不進來，在這種令人覺得是黃昏光線中，毒蟲的振翅聲，不歇息地發出令人毛骨悚然的吼聲。「小心！是毒蜥蝪。」當地人一碰觸毒蜥蝪的劇毒，只需 1 小時就會喪命。除此之外，大隻毒蛇及毒蟲也常伺機侵襲人類。

這裡是瓜地馬拉東部、熱帶雨林的廣大叢林。1849 年 10

月，有兩名白人走入此地。其中一人是美國的約翰・羅德・史蒂文生。另一人則是英國的畫家佛萊建力克・嘉烏德。

他們兩人之所以賭命進入危險的綠色魔境，是為了將科學的解剖力，放入傳說中存在於此的馬雅遺蹟。

在兩位白人探險家前此地之前，馬雅的超古代文明遺蹟就已封閉了。當時，中美洲正發生前所未有的叛亂，因此當然也影響到這兩位白人探險家。

他們二人在一開始探險旅行時，即被逮捕。但由於史蒂文生有中美大使的頭銜，二人數日後即被釋放，並再度出發前往探險。那一天，馬雅遺蹟還是未出現在他們二人眼前。

隔天早上，二人在當地雇了嚮導，再次進入叢林。有上次的經驗，這回二人都非常小心謹慎，一邊用開山刀砍伐蔓草、樹枝，一邊朝里約・寇班河出發。在前方林木濃密處，突然出現了高約 30 公尺的石壁。石壁在陽光的照射下，綻放出耀眼的光芒。

據說即使是在所有的馬雅遺蹟中，也以發現到寇班遺蹟的瞬間最為美麗。

渡河而過的二人所看到的是，比想像中更為壯麗的聖都和其他遺蹟。巨大的雕刻、石柱、祭壇等等散居各處，表面上都雕刻著人及動物，而且也雕刻從未見過的象形文字。還不僅如此，一座巨大金字塔型的建築物聳立於林木之間。

在人造臺地的中央，也有巨大的金字塔，另在東側也有高

20 公尺的神殿。在爬上神殿的 63 層臺階上，共計 2,500 個「神聖文字」。

其他神殿上，也雕著站立的美洲豹、夾著金星記號的巨大人像面具、口中銜著蛇、腰部纏繞著的神像等，奇異又美麗的雕刻。

史蒂文生、嘉烏德二人的馬雅探險，已持續了數年。

探險旅程目前為止已至沉眠於墨西哥恰巴斯密林的帕連卡遺蹟、猶加敦半島的烏休瑪魯遺蹟、及猶加敦半島的吉陳伊札和豆瑪魯遺蹟等四十處以上的馬雅遺蹟。這些沉眠於密林深處的古代文明都市 —— 馬雅的遺蹟群，就這樣顯現出原有面貌。

史蒂文生和嘉烏德二人後來發表了 2 冊馬雅旅行記，震撼全學術界。

例如馬雅遺蹟中，最美麗的帕連上遺蹟，史蒂文生作了以下記述。

「這裡有卓越的人們所擁有的精緻文化遺蹟，這些人是隨民族的興亡，而經過種種階段的人，也是建造了黃金時代後又完全消滅的人。連結此民族和我們的羈絆已被割斷，完全喪失了。殘留在大地上的只有他們的足跡。」

自古以來，我們就知道有馬雅民族的存在。

1502 年，哥倫布在他的第 4 次航海中時，就曾遇見乘坐獨木舟的馬雅商人，馬雅人給予他的印象與印弟安人截然不同，十分彬彬有禮。但對馬雅人而言，自此以後與西班牙人的接

觸，卻是一個不幸的開始。自 1510 年代起至 1520 年代，艾南‧哥耳狄斯和其部下已征服馬雅文化圈的墨西哥、瓜地馬拉和比利茲。其後，當西班牙將此地作為他們的殖民地，並以奴隸對待他們的同時，就為馬雅人帶來了天花、結核等等的疾病及厄運。除此之外，天主教的神父們也進行徹底地破壞馬雅文明的舉動。

這些馬雅人們的文明，重新為歐美所認識，是進入 19 世紀後。1822 年，倫敦刊登了西班牙當局對帕連卡遺蹟所做的調查報告。英國的金卡斯巴羅公爵，也根據這些馬雅的研究，推論說馬雅文明是由舊約聖經中的「失落的十部族」的後裔所建造的。從當時起，馬雅文明就了滿布謎團的寶庫。

西元前 1000 年左右，結束玉米農業、土器製作、崇拜美洲虎神的宗教（這些被稱為奧陸美加文化），以墨西哥灣岸為中心廣傳開來。因受此刺激，故自西元前 500 年以後，經恰巴斯至瓜地馬拉的熱帶雨林地帶誕生壯大的都市，成立了馬雅文明。

▌敲不開的「硬殼果」

16 世紀中葉，西班牙殖民主義者，順著哥倫布的足跡，踏上中美土地，來到了馬雅部落。馬雅人委派通譯者佳覺，向西班牙第 1 任主教蘭多介紹了自己的文明。蘭多被馬雅典籍中記載的事情嚇壞了，認為這是「魔鬼做的事」，於是下令全部焚毀。經過這番浩劫之後，馬雅主人一下子神奇地失蹤了，他們

燦爛的文化也隨之成了啞謎。

300 年後，年輕的美國外交官斯蒂文寫了《旅行紀實——中美恰帕斯和猶加敦》，激起了人們研究馬雅文化的熱潮，於是不少人致力於研究 16 世紀西班牙的那場浩劫後，僅留下的 3 部馬雅典籍和一些石碑、壁畫等，然而，馬雅的文字既古怪又難懂。數百年來，這 3 部像天書一樣的馬雅典籍，吸引著無數想要「打開」這「硬殼果」的人，但到頭來，他們都只能望洋興嘆。特別是第 2 次世界大戰以後，為了研究馬雅文化，美國和蘇聯都投入了大量的人力和物力，甚至還使用了先進的電子電腦。即使如此，到目前為止，據說也僅僅認出其中的 1/3。

1966 年，有人根據已認出的馬雅文字，試譯了奎瑞瓜山頂上一塊馬雅石碑，出乎人們意料之外的是，它竟是一部編年史。據透露，編年史中記有發生於 9,000 萬年前，甚至 4 百億年前的事情。可是 4 百億年前，地球還處在中生代，根本沒有人類的痕跡，難怪那些歐洲的宗教狂人要認為通譯者佳覺所介紹的馬雅文明是「魔鬼做的事」了。

馬雅的文字連現代電子電腦都「敲」不開，而且他們的歷史要上溯到 4 百億年以前。可見，他們絕不是一個落後的民族。

被毀壞的馬雅文明

新發現石級文字揭開消失之謎

中美洲瓜地馬拉的一場颶風，竟揭開了神祕的馬雅古文明（西元 250 至 900 年）滅亡之謎。考古學家最近在馬雅多斯皮拉斯（Dos Pilas）金字塔新發現的梯級上，發現了一組象形文字，揭示馬雅文明在全盛時期由兩大城邦操縱，雙雄在多斯皮拉斯發起爭霸戰，經過近百年你爭我奪的戰鬥，整個馬雅最後分裂成眾多地方勢力，進入了激烈小規模戰爭時期，最終導致馬雅文明的滅亡。

颶風拔樹地下石級文字曝光

2 年前的一場颶風，把多斯皮拉斯金字塔旁邊的一棵大樹連根拔起，暴露出一段原本埋在泥土下的梯級，上面刻有一些馬雅文。美國範德比爾特大學馬雅象形文字專家法澤，去年率領一隊人到多斯皮拉斯發掘梯級，並把刻在梯級上的文字紀錄翻譯過來，進而揭開了馬雅文明在戰亂中衰敗滅亡的真相。

提卡爾王弟助入侵者攻兄 10 年

多斯皮拉斯位於馬雅西南，鄰近帕西翁河，是當時的主要貿易信道，買賣翡翠、鮮麗羽毛和貝殼等珍貴貨品。事實上，考古學家 10 年前已發現金字塔的 8 個梯級，上面的馬雅象形文

字揭示了多斯皮拉斯曾與提卡爾和卡拉克穆爾（Calakumul）衝突，多斯皮拉斯王並因此殺了其兄長提卡爾王。但以上的都是一些不完整的片段，還有許多問題未能解答。

據象形文字紀錄則顯示，多斯皮拉斯建於西元 629 年，由提卡爾王建成，是該城邦的軍事要塞。當時，提卡爾王策封 4 歲弟弟卡維爾為多斯皮拉斯王。卡維爾長大後一直忠心於提卡爾王和王族其他成員，但在卡維爾 20 多歲時，卡拉克穆爾城邦入侵多斯皮拉斯，卡維爾只好變節投誠。

為了對卡拉克穆爾王表忠心，卡維爾掉轉矛頭，向兄長提卡爾王發動一場 10 年戰爭，最後提卡爾王戰敗，卡維爾把兄長和其他貴族俘虜回多斯皮拉斯殺死獻祭。卡維爾在卡拉克穆爾王撐腰下，征戰成為一方霸主。

提卡爾城邦捲土重來終勝

但馬雅文明眼看就要走向更高組織，鞏固成單一大帝國之際，提卡爾城邦卻在被攻陷後再捲土重來，兩大城邦經過多次反覆角力，提卡爾最終在西元 695 年征服了卡拉克穆爾。

範德比爾特大學考古學教授德馬雷斯特認為，新發現梯級上的象形文字雕刻，為馬雅的雙雄爭霸論提供了有力證據。最先提出爭霸論的兩位學者，是倫敦大學的馬丁教授和波恩大學的格魯伯教授。以前普遍的看法是，馬雅文明的戰亂衝突是城邦之間無組織的地方衝突，但馬丁他們卻認為，這類衝突其實是馬雅兩大強權發起的全面戰爭，即馬雅人的「世界大戰」。

馬雅世界四分五裂

2 年前的那場颶風，暴露了金字塔另外 12 個梯級和旁邊 2 段斜坡，才把這段迷失的歷史連貫起來。儘管提卡爾最後打了勝仗，馬雅世界卻從此四分五裂，陷入激烈小規模戰爭時期，多斯皮拉斯亦在西元 760 年被遺棄，從此一蹶不振，馬雅文明最終亦在西元 900 年滅亡。

像美蘇為越南開戰

多斯皮拉斯金字塔上的象形文字，填補了馬雅文明一段長達 60 年的歷史空白，為考古學家解答了馬雅在這個關鍵時期的政治和軍事關係。

互結聯盟學說被推翻

其中一個謎團是多斯皮拉斯與提卡爾和卡拉克穆爾的關係。提卡爾位於瓜地馬拉北部，卡拉克穆爾在其以北 97 公里，多斯皮拉斯則位於提卡爾東北 173 公里。學者普遍所持的理論是，馬雅王國互相締結聯盟，但它們仍獨立管治自己的王國。不過，多斯皮拉斯金字塔上的記載，卻推翻了這一理論。歷史真相是，多斯皮拉斯被強大的卡拉克穆爾所征服，成為傀儡王國，直至西元 760 年滅亡。

梯級古文的發現亦令學者重新闡釋多斯皮拉斯與提卡爾的戰事衝突。多斯皮拉斯與提卡爾的衝突，一直被認為是兄弟

之間的土地紛爭，但原來多斯皮拉斯扮演的是一個更重要的角色，它是兩大城邦提卡爾與卡拉克穆爾的角力場。範德比爾特大學法澤教授形容，若以今日的角度而言，多斯皮拉斯就是當年的越南，成為美蘇兩大強權的角力場，而這點為了解馬雅文明的戰爭引入了一個新概念。

西班牙毀壞馬雅文物典籍

馬雅文明是中美洲最著名的古代文化，分布於現今墨西哥南部、瓜地馬拉、貝里斯和宏都拉斯等地，其中瓜地馬拉可說是馬雅文明的搖籃。19 世紀末，馬雅遺址陸續被發現，考古學家對馬雅文明的高教育程度嘖嘖稱奇。

馬雅人繼承了早期中美洲文化，發展了建築、雕刻、曆法、天文和象形文字。他們建築了莊嚴巍峨的金字塔神廟，排列整齊雕像的廣場，巨形的競技場，浮雕繁複的石碑，顯示出馬雅人的非凡智慧，有人甚至因此認為馬雅人是外星人的後裔。

馬雅社會以城市為中心，其社會階層大致可分為貴族、祭司、平民和奴隸。馬雅人在熱帶雨林中建造了超過百座城鎮，而提卡爾是其中一個主要的祭祀和政治活動中心。西元 6 世紀末是馬雅文明的高峰，其後因為一些不明原因，令馬雅文明開始衰落，最後在西元 9 世紀消失於熱帶雨林。

至 16 世紀，入侵中南美洲的西班牙人認為馬雅文化是「魔鬼的作品」，把繼承了馬雅文化的阿茲特克人所保存的馬雅文物和聖書全部燒毀，亦因此為馬雅文明憑添了一份神祕感。

▌尋訪失落的馬雅文明

　　中美洲對於一般人來說，真的是太遠、太貴、太模糊，即使如此作者還是投下巨資走訪馬雅遺址，為的是要看看世界還有一處文明的遺產，記載豐富的馬雅文化根基，神權政治、神廟、玉器精雕、象形文字、曆法天文、數字系統等先進的文明果實。

　　馬雅文明開始於西元前 600 年，直到西元 900 年左右消失，帝國涵蓋瓜地馬拉、墨西哥、貝里斯、宏都拉斯等國，腹地1,500 公里之廣。而馬雅古文明遺址幾乎是以瓜地馬拉為中心，重要的馬雅古文明遺址大部分在瓜地馬拉境內，提卡爾是馬雅古文明的最大城鎮，而古都安地瓜則是充滿西班牙殖民地文化的氣息，素有「殖民之珠」的美譽。

　　馬雅的腹地之如此遼闊，極可能是處在熱帶雨林，由於沼澤地及河水的季節性泛濫，加上當時的馬雅人為了生存，種植農作物濫砍樹木失去水土保持，季節性的泛濫使整個村莊被洪水淹埋，被迫不斷遷徙。儘管如此馬雅人還是守著原則，每走過必留痕跡，經過數世紀後我們發現馬雅人是很成功的農人，並運用岩石創造數百座城市，每一座都有自己的特色及富有藝術的風格。這些獨立的城邦，並沒有群體的統治者，僅有貴族、統領、官員及他們的奴僕居住在城市，絕大部分的馬雅人是居住在山林茅屋的農民，只有在趕集和參加宗教的慶典活動時才會進城。馬雅人建造的道路網主要是用於貿易。

　　當時的馬雅文化不論在科學、數學以及藝術方面都相當進步，在墳墓和和寺廟中有許多讓人讚嘆不已的壁畫，而在城市的廢墟中也發現顯眼的石雕和精緻的陶器。馬雅人在宗教方面，相信雨、土、風、植物、動物等神，他們建造壯麗的寺廟和神龕以表示對眾神的敬意，並把眾神安奉在高出地面的金字塔形平臺上，卻只有祭司和享有特權的人，才能進入廟內。在宗教性的祭祀慶典中，有時也以「人」當作祭品，因為馬雅人相信「神需要鮮血，人需要活水」。

　　在臺灣有關馬雅的資料與文物並不多，親自走訪一趟，發現馬雅的金字塔建築工藝上的美並不遜於古埃及，跟古埃及不同的是馬雅金字塔呈現著大塔包小塔的特性，後世的國王經常以現有的金字塔為基礎，再加以增建擴充，所以一座金字塔裡面包藏了三、四座小金字塔的情況非常普遍，應該稱它為「重疊金字塔」或「千層派金字塔」。馬雅的金字塔原本作為祭祀的宗教神殿，後來發展為安葬國王的陵墓。在馬雅另外還有一種金字塔又稱「觀星塔」，雖然建築不算宏偉，但卻暗藏了天文曆法卓越成就的線索，4 邊的金字塔每邊 9 層的階梯，從中貫穿的梯道將每邊一分為二，左右共 18 階梯，正代表馬雅一年有 18 個月，而每道貫穿的有 91 層，四邊加起來 364 層，加上最頂的一層正好 365 層，是馬雅曆法中一年 365 天的象徵。探索世界文明是一件有趣的事，當你發現一個文明的遺產時，隨後又不知道地底下埋藏了多少地下城，永遠探索不完的文明，也象徵我們所知的其實都還太少。

馬雅文明之謎

古老的馬雅文明

1948 年到 1952 年間，墨西哥籍考古學家路利教授（Albertoruz Lhuiller）發現，在巴倫杰神殿的「碑銘神廟（the temple of the inscriptions）」中的巨大石室牆上，刻有九位盛裝的神官及一位帶有奇妙頭飾的青年浮雕。看到這些浮雕的研究者都說，「浮雕與太空人非常相似，此墓埋葬的一定是外星人。在內部往下 72 階的房間中，發現了一間封埋的密室。密室中有個身穿華服，且身高比馬雅人高出 20 公分的屍體。除此外還有多種陪葬品。其中最受矚目的是有個石製浮雕像，這是令今日的人百思不解的一件「藝術品」，被稱為聞名的巴倫杰神殿的「馬雅的火箭圖」。

路利教授在巴倫杰神殿所發現的浮雕和馬雅碑文有密切的關係。被解讀出來的碑文中，就有一節「白色的太陽之子，仿效雷神，從兩手中噴出火……」。這段恐怕是古代馬雅人對太陽崇敬所想像出來的情景。但是據路利教授所發現的石雕，及碑文中所記載的那節是否「真實」，仔細考慮後，我們只能說那一定是飛行物體。

浮雕像的穿著與當時的馬雅人截然不同，他的下顎之下是套頭羊毛衫之類的圓領，貼身的上裝在手腕處有反折過來的袖口，腰際圍著一條有安全扣的寬皮帶，褲子上有網狀花紋，直

到腳踝是緊貼的吊襪狀衣物，以我們對類似圖片的知識而論，這無異是標準的太空人打扮！

超科學的宇宙火箭設計圖

　　以另一種眼光來看，在浮雕中暗示著各種技術特徵，有一個前端尖形的流線形物體上，坐著有獨特體形的人物 —— 太空人，頭戴盔甲，盔後飛揚著兩條辮子似的管子，這個人彎著腰和膝蓋，雙手正在操縱著一些操縱桿，位置較高的一隻手似乎正在調節把手般的東西，較低那隻手的四根指頭，似乎在操縱類似摩托車把手般的控制器，雙眼前視，左腳跟放置在有好幾道槽痕的踏板上。雙操縱桿前面並排著許多複雜的儀器，操縱者後面有個類似內燃機的機關槍物體。有中央控制系統的氧氣瓶，放在鼻子前面的束縛皮帶中，「能量」的供應系統和通訊系統也是如此，在太空船艙內，中央系統前面，可以清楚看到大型磁鐵，它們的用途顯然是在製造太空船艙周圍的磁場，以便阻止在太空中高速飛行的太空船與浮游在太空中的分子碰撞。太空人的後面，我們可以看到一座核子融合爐，兩顆可能是最後出現的氫和氦的原子圖案呈現在那爐中，而更重要的一點，是在這流線形物體尾部，還畫有類似瓦斯噴出的氣，顯然是火箭上排洩出來的廢氣，都表現在太空船尾部外面的架子上。

　　發現者直覺地反應：「這是火箭吧！」現代學者以現代畫法，將這幅畫重新描繪，那是個單人的火箭。解析如下：從最

前端開始分析，有傳送電波的電線、空氣出入口、雙壓縮機、操縱計器板、操縱席、燃料庫、燃燒室、內燃機和噴射口。因碑文上有古馬雅人正確無誤的天體運行和太陽之子，若將浮雕各點綜合起來想像，當時馬雅可能已設計出這種形式的火箭，也有宇宙飛行的經驗。然而看這張火箭圖，可知當時尚欠缺最高水準的機械製作技術、冶金術、燃燒工學和正確的電腦技術。而且當時的馬雅人尚不知有金屬，也不知車子的用法。因此，假如圖中所畫的真是火箭的話，也絕不可能為馬雅人所造。事實若真如此，那火箭又是何人所造？造於何時？難道是比馬雅人更早以前來過此地的外星人嗎？碑文和傳說中的太陽之子是外星人嗎？

　　繼馬雅文化之後的阿茲特克文化有「從星星來的白色人，在六千年後會再回到地球」之類的傳說。世界各地也有「從空中來的人」的傳說，而非單是古代人的願望和想像。例如日本的姆指公主、中國的孫悟空、希臘的伊嘉露斯以及印度敘事詩中的「空中飛車」等，不就是因為人類無法自由自在地翱翔天際，而想像出來的神話故事嗎？

　　或許這是因為古代人恐懼雷和閃電、彗星和流星，以及地震所產生的發光現象，他們看了神祕的神畫像，而產生山神是空中飛人的傳說。

　　儘管古代馬雅的「火箭圖」並不是很具體，因為他們並沒有實際看到、設計火箭，才會畫出這麼不成熟的圖。正因為如

此，當我們看了馬雅的圖後，才有「古代的外星人」之類的傳說出現。雖然對於古代馬雅的遺蹟，如謎一般。這個謎底只有等到「超古代科學」明朗化之日才可得到答案。這個浮雕像要告訴我們些什麼？是否馬雅民族將「天上信使」的訊息，用他們熟悉的象形文字及繪畫方式表現於石墓中，作為一位來訪太空人駐足地球的證據？如果沒有真實的形體出現在他們面前，以當時人的智慧，絕對無法想像一個乘坐太空船的人類所使用一切複雜的裝備。那麼這群來自外星的太空人是否將文化教導給這群尚未開化的馬雅人，使他們能在西元前發展出一套空前的文化水準？

　　由於截至目前為止，考古學家們對於馬雅人所創造的象形文字只能了解 1/3，僅在數字方面稍能了解，其他則仍在摸索階段，使得這個在百冷閣被發現的石刻浮雕，雖然上面載有馬雅文字說明，但至今仍未能得知究竟這個浮雕人像是誰？這個浮雕，究竟想告訴我們些什麼？如果考古學家、歷史學家們在發掘古物時，除了本身的常識外，再稍微加上一些太空知識，相互映照，或許地球上許多不可思議的怪事均可迎刃而解。

第三章
馬雅 —— 社會生活與文化成就

馬雅文明的發展過程

　　馬雅人在歷史上，特別是在南部馬雅時期創造了燦爛的文明，因此被稱作「新大陸的希臘人」。其實馬雅人所創造的文明在許多方面比希臘人的成就還大。馬雅人對美洲文明和整個世界的貢獻，首先是在農業中對玉米、番瓜、可可等植物新品種的培育，其中以玉米的培育貢獻最大。此外，馬雅人在建築和藝術、天文曆法和數學演算，以及宗教信仰都有非凡的成就和貢獻。

　　南部馬雅文明，為何從鼎盛一下子消失得無影無蹤，至今仍為學者及大眾所好奇和關心。截至目前為止，雖然有關學說數量龐大，不過，任何人都沒有獲得確切的答案。根據目前研究的結果，南部馬雅文明崩潰的原因可分為自然、社會、政治及經濟等多種原因。在自然方面，有人認為是因地震、颶風、土地貧瘠、病蟲害、傳染病等原因。社會與政治方面的原因，有人口大增、農民叛亂、城邦之間的戰爭、異族的入侵等。有學者推測農民暴動扮演重要角色，這種說法得到其他學者的認同。南部馬雅文明突然消失主要是因為隨著當時貴族與農民間存在一道巨大鴻溝和隔閡，加上貴族對農民的需索無度及壓迫，終於逼使農民忍無可忍揭竿起義。由於缺乏武器，農民只能憑藉雙手勒死大部分的貴族，當然也讓一些當權者順利逃到他處，形成北部馬雅時期的文明。

馬雅人的婚姻

在現代社會，青年男女們總是在充分享受了愛情的甜蜜後再步入婚姻的殿堂。但如果以同樣的眼光來看待古馬雅的同齡人就大錯特錯了。在古馬雅，婚姻是雙方父母還有牧師協商的結果，其目的是為了生兒育女以擴大家庭規模，而不是兩個人彼此相愛的歸屬。

在古馬雅人的成長過程中，有一個非常重要的儀式叫「落神」，相當於「弱冠之禮」、「成年禮」。當男孩長到 16 歲，女孩長到 12 歲，舉行了這個儀式就代表完成從孩童到青春期的轉變。舉行儀式那天，男孩和女孩都佩帶專用的珠寶，稍後，男孩子在頭髮裡結上白色的珠子，女孩子則在她們的腰帶上佩上紅色的貝殼以表示貞潔。儀式後不久，父母就要開始考慮兒女的婚姻大事了。男孩的父親要僱請專業媒人來核查未婚夫婦的生辰八字，以確定他們的生日和名字沒有觸犯天意。比如，叫 Nic 的男孩和叫 Bacal 的女孩就被認為是天作之合。作為養育女兒的補償，女孩的父親會向男方索要一定數量的彩禮。當男孩的父親確定下了日期，男孩必須到女方家中勞動，具體時間從 5 年到 6 年不等，只有「服役」期滿，才可以迎取新娘回家。

一旦婚禮日期確定下來，女方家就開始準備。參加婚禮的客人們通常會帶來豐厚的禮物，而他們也將享受到一頓有火雞、馬鈴薯、玉米圓餅等食物的豐盛飲食。新郎的母親將準備一條裝飾有鸚鵡羽毛的纏腰帶給她兒子，同時為未過門的兒

媳婦準備一條裙子和一件刺有精美圖案的上衣。在婚禮儀式上——雖然直到此刻即將成為夫妻的男孩和女孩還沒有交談過一句話——將接受牧師的祝福並向神祈禱。雖然沒有專門的愛神，當然也沒有什麼蜜月之說，第二天生活就像平常一樣了。

雖然男人可以一夫多妻，但絕大多數還是一夫一妻。離婚是允許的，可以再婚。在馬雅人的某些地區，如果丈夫對妻子不滿意，在舉行婚禮之後的一年內，可以將妻子送回娘家。傳教士蘭達在描述被征服之後的 16 世紀的馬雅人生活時寫道：「因為沒有愛，不懂婚姻生活以及婚姻所意味對彼此的責任，離婚是一件非常容易的事情。」

馬雅社會

「偷竊」及「通姦」是嚴重罪行

馬雅的社會是以家庭為基礎而發展的父權制，但是母親或年齡最長的婦女在家庭中仍保有一定的權威。

在馬雅社會中，若干血親家庭組成氏族。其氏族以父系近支組成，共同生活在一處，構成了社會的基層組織——氏族公社。

馬雅社會的中心是城市。城市裡生活著不同職業、不同社會階級的人。馬雅人的社會層級，大致可分為貴族、祭司、一般大眾及奴隸，而且每個層級又有不同的職稱，情況相當複

雜，貴族和祭司住在城市中心，一般平民大眾則住在外圍地區，並在貴族領導下，從事相關工作。而且每一個人的社會地位，可以從他和領導者住的遠近看出。

馬雅人的葬禮也依其社會層級而有所不同。在古典期只有成年男性才能葬在神廟，後來逐漸擴及女性及各年齡層。此外，在馬雅社會犯罪可分蓄意及無心。太太若因丈夫的緣故而離開，丈夫雖然是無心，但仍然會被定罪。偷竊在馬雅社會中是一項嚴重罪行，被控通姦者則需受落髮及裸體示眾的羞辱。

在馬雅的法律中，嚴禁離婚及同姓通婚。但是領導階層為維護血統之純正可以和姊妹等近親結婚。另外，馬雅人的婚姻具有濃厚的母氏社會色彩。當男士要結婚時，必須在女方家住並為其工作五年。離婚不容於馬雅社會的規定，但如果妻子不孕或怠忽家事，丈夫可以休妻，反之亦然。休妻或休夫後，雙方都可以立刻再婚。但鰥夫必須在妻子過世一年後才可以再婚，若在一年內結識其他女性則將遭社會唾棄。

以「扁平頭」及「鬥雞眼」為美麗象徵

馬雅人有許多相當特殊的生活習俗。首先馬雅人認為頭形扁平及鬥雞眼是美麗的象徵。

馬雅婦女的授乳期通常到小孩 4、5 歲時，這時媽媽會在女兒髮上佩戴紅色貝殼以示童貞，一般認為在成年前拿掉這項物品是件羞恥的事。馬雅男女在婚前界限分明，當女孩偷看男人

時，眼睛會遭塗辣椒以示懲罰。另外，馬雅男性不願蓄鬍子，因此小時候，母親就在小男孩臉上不斷熱敷以破壞毛細孔，所以當他們長大時就不再長鬍子了。馬雅人也非常恐懼死亡，當親人死亡時，他們都哀嚎痛哭。親人過世，隨即用紙將屍體包裹並放一根玉米及玉在口中，放玉是讓往生者能在另一世界復活，而玉米則是讓逝者免於挨餓。窮人通常葬在自家後面，領導階層葬禮則相當繁複。

　　馬雅人的日常生活深受宗教影響並且依教士指示行事，而且馬雅人也是一個父慈子孝的社會。他們視額頭扁平及鬥雞眼為美的象徵。因此在小孩出生4、5天後，父母以木板綁在孩子的前後額，一段時日後再取下。此外，為人父母者會在小孩髮梢綁一小球垂於兩眼前，假以時日小孩即成鬥雞眼。馬雅人也有穿鼻、穿耳洞以利戴金、銅、玉等飾物的習慣。令人好奇的是馬雅人也有抓周的習俗，若是男孩子則準備書、短刀、斧頭、農耕等相關用品；女孩則備針、線等屬於女性工作的相關物品。

▌馬雅人的現況

　　雖然古代馬雅人的神殿仍僻處叢林中，但其後代迄今仍廣布在猶加敦半島、恰帕斯及瓜地馬拉等地。在這些地區，4、500萬的馬雅人居住在與世隔絕的村落中，雖然有些人也學西班牙文，但大部分仍保存其傳統的生活方式及語言。馬雅人是印

第安人中平均身高最矮的部族之一。男人平均高度約 155 公分，女人只有 124 公分。

　　瓜地馬拉是目前馬雅人口最多的國家，馬雅人也是這個國家最主要的人種。在瓜地馬拉鄉村四處可見穿著鮮豔服飾的馬雅人。在瓜地馬拉城也常見兜售手工藝品的馬雅人，將街道點綴成萬紫千紅。傳說月神教導馬雅人編織並向他們透露該使用哪些神聖的圖案，目前馬雅人的手工藝品，融合了自然、宇宙及神話中的圖樣。總而言之，儘管馬雅人今天有許多部族並分散各地，他們卻擁有共同的歷史、風俗及信仰，同時也有共同的意志來維護其傳統。

馬雅的自然與社會

　　瓜地馬拉與墨西哥接攘，中美洲的 Sierra Madre 山脈盤據了整個瓜地馬拉的境內，以海拔 4,211 公尺的 Tajumlco 山為首，共有 34 座火山。火山多，地震頻繁，瓜地馬拉曾經歷好幾次大地震。首都瓜地馬拉市是高原地帶，終年較溫暖，雨季的雨量多集中於午後。大部分的住民都生活於高原地帶，而古代馬雅文化的遺蹟，在地底下，連接於墨西哥西南部的低窪密林地帶。

　　馬雅族的後裔印第安人之總數，約占瓜地馬拉總人口中的 50%，而西班牙人與印第安人的混血種約占 40%，白人很少，大部分從事農業活動，但生產量很低。主要的農產品是咖啡、香蕉、棉花、玉蜀黍等，咖啡的輸出量占輸出總額的 30%，是

瓜地馬拉的主要農產物。馬雅人的生活馬雅城市有很多居民，例如：提卡爾約有 5 萬人分成小群落居住在矮丘上的房子裡，這些房子分布在城郊 15.5 平方公里的範圍以內。主食是玉米、豆類、番瓜、木薯屬植物和紅辣椒。這些作物都種在以刀耕火種清整出來的地區，或更密集地以浮田耕作法進行種植。

馬雅文化的歷史

　　西元前 300 年，馬雅文化發跡於現在的瓜地馬拉北部，從西元 300 年至 600 年間，建築、數學、天文學、宗教哲學、醫學、藝術等急速發展，成為成熟的馬雅文化，從西元 1000 年開始，因受北部阿茲特克的影響，不久就滅亡了。後進入 1523 年，西班牙人 Pedrode Alvarado 花費半年時間，征服瓜地馬拉。當時因深受阿茲特克的影響，馬雅族便一聲不響地溜入密林中躲藏。西班牙在瓜地馬拉的殖民時間約持續 300 年之久。1821 年 9 月 15 日，在征服者後裔共同努力下，瓜地馬拉脫離西班牙的統治，宣告獨立。有段時期，瓜地馬拉與墨西哥是合併在一起的，至 1823 年，才以中央美洲聯邦之名與鄰國達成聯合獨立。1838 年 5 月，中美洲聯邦國分裂為瓜地馬拉、宏都拉斯、哥斯大黎加、薩爾瓦多、尼加拉瓜五國，直至今日。

美麗的馬雅風鈴

　　神祕的馬雅文明隱藏在蓊鬱叢林中，生命力旺盛的樹木，不斷長成並慢慢掩蓋住曾經享有繁華歲月的王朝，昔日光彩在時空轉換中，留給後人不斷發出疑問並找尋答案。厚重的青銅與各種馬雅造型的神祕氣氛，將帶你踏上追尋的路程！

＊**搖搖馬青銅風鈴**：旋轉木馬遊蕩的歡愉與節奏，在青銅搖動中帶我們回到孩童時光。

＊**青銅蜂鳥、太陽珠及玻璃珠風鈴**：這批青銅製的風鈴，來自美國緬因州的 North Country Wind Bells，創立者是 Jim-Davidson。太陽珠與玻璃珠風鈴，上面鑲了彩色可轉動的玻璃球，由青銅與黃銅作搭配。

＊**三角錐型風鈴**：這是一個古典造型的風鈴，內部附一磁鐵，以便吸音，以三面青銅組合而成，每一面上都鑄上不同圖案，其聲響沉幽低吟，寂靜的黃昏中聆聽，仿若進入另一時空中。

＊**星星與月亮**：由 Lal 家族所創作之風鈴，此家族所創之風鈴，慣以宇宙萬物做主體，再加上駝鈴為主要發聲器，是充滿神祕風情之藝術品。

＊**青銅馬雅造型之風鈴組合**：由厚重的青銅所制，分別有太陽魚風鈴、馬雅人頭造型風鈴、公雞風鈴、馬雅君王造型風鈴、金剛鸚鵡風鈴、太陽王風鈴、自由神風鈴、魚風鈴，不僅造型獨特，響鐘懸掛處出人意外，低沉聲響仿若空谷回音。

文化成就

寓意深遠的馬雅文字

　　馬雅文字最早出現於西元前後，但出土的第一塊記載著日期的石碑卻是西元 292 年的產物，發現於提卡爾。從此以後，馬雅文字只流傳於以貝登和提卡爾為中心的小範圍地區。5 世紀中葉，馬雅文字才普及到整個馬雅地區，當時的商業交易路線已經確立，馬雅文字就是循著這條路線傳播到各地。

　　馬雅文字有一個文字單獨成的單一形式。以及多字組成的複合字，文字之後經常會接數字。

　　早在西元前馬雅文字的原形就出現。目前還無法完全解讀馬雅文字所表現的內容。馬雅文字出現在石碑，祭壇，門楣等岩石之上，內容以記錄歷史為主。也有繪於文書及陶器之上，內容以宗教及儀式為主。

　　馬雅文章的解讀，為兩列一對，由左至右與由上往下讀。字母分成表音字母及表意字母。有從幾何學造型的字體及人類與動物臉部造型的字。前者為幾何體，後者為頭字體。也有描繪人類及動物全身的全身體。有單一的文字也有一字以上組成的複合字。即使是完全相同的文字也有內部排列不同的情形出現，如此可以避免一篇文章重複出現相同的文字。

　　幾何體和頭字體可以互相融合。幾何體的一部分亦可以變為頭字體。

　　馬雅人所使用的 800 個象形文字，已有 1/4 左右為語文學家解譯出來。這些文字主要代表一週各天和月份的名稱、數字、方位、顏色以及神祇的名稱。大多記載在石碑、木板、陶器和書籍上。書籍的紙張以植物纖維製造，先以石灰水浸泡，再置於陽光下晒乾，因而紙上留下一層石灰。雖然現代還有 200 萬人在說馬雅話，而且其文字中一部分象形和諧音字很像古埃及文字和日本文字，可能可以探討出其中異同，但我們對整個馬雅文字的解譯，依然力有未逮。

　　然而，1963 年，蘇俄語言學者瑞・克洛魯夫，成功地將碑文分門別類，以統計學的方式來處理和分析，從這些不同的類別中，歸納出相同的象形文字。馬雅文字不像英文那樣用 26 個羅馬字組成，而是文字每個字都有 4 個音節。克洛魯夫終於成功地看懂了幾個文字。接著，蘇俄數學研究所的斯爾・索伯夫和巴基・由斯基洛夫，使用電腦，利用龐大的資料文字（約 10 萬字）成功地解讀了一篇文章。德勒斯基的古文書有月蝕、星星的運行、結婚等記載；馬德里的古文書中有農耕、狩獵和雕刻等紀錄；巴黎的古文書則記載歷史的真相。總之，基本的內容有宗教儀式、氣像現象和農作物等。

　　馬雅的神聖文字，直到現在還無法完全了解，今天的考古學家只能了解數字和曆法的記號，某種人名、城市名字的文字、少許有限名詞及表示某些動詞的繪畫字而已。因為無法完全解讀，至今仍是一個謎。我們只能確定，馬雅文字對中美洲其他民族曾經發生刺激和模範的作用。

象形文字

馬雅的象形文字都由「神職人員」專門主持刻寫，其高深莫測非普通馬雅人所能了解。現存的馬雅象形文字是被刻在石碑和廟宇、墓室的牆壁上，雕在玉器和貝殼上，也有用毛髮書寫在陶器或榕樹皮和鹿皮上。總量相當多，單在科潘遺址一座金字塔的臺階上，就有 2,500 多個。這就是世界巨型銘刻的傑作之一，「象形文字梯道」，古怪而精美的象形文字布滿 8 公尺寬、共 90 級的石頭臺階。然而，按文字學的理論觀察，馬雅文字又僅僅停留在一個簡陋初級的階段。就世界範圍說，文字都經歷了三個不同的發展階段：一是圖畫或象徵文字，由畫面來講述整個故事；二是會意文字的階段，用符號代表一定的意義；三是表音文字，這時文字與語言真正結合到一起。馬雅文字顯然必須歸入第一階段，但實際上它的形式完美性遠遠超過了甚至像半記音字母化的古埃及那樣的象形文字。

▌馬雅數字

數字，是人類生活中必然會發展出來的計數工具。但是發展出輝煌文明的古羅馬人、巴比倫人、波斯人、埃及人等所用的數字體系，卻比不上深居叢林的馬雅人。在西元前 3、4 世紀之間，馬雅人已發展出含有「0」的定位法，這是所有古文明所沒有的現象，因此「馬雅人為何要使用這個數字」，就成為考古學家研究的課題。美國人艾立克烏姆蘭德和克雷格烏姆蘭德這

兩位考古學家曾用很多時間研究馬雅文明,他們的結論認為:馬雅人是遠古時期來地球採礦的外層空間人的後裔,當時不知發生什麼事故,使他們有家歸不得,其後裔在缺乏物資的情況下,就淪落到被後世地球人視為原始民族的地步,後來來自故鄉星球的救難宇宙飛船終於到達了,他們便放下久居的地球,全體回到故鄉星球。這種曠世的說法當然在學術界產生極大的批判,但是,相信的人也很多,因為只有這種說法才能將馬雅人的一切不能解之謎給圓滿解決。以此說法,數字「0」本就是外星高科技馬雅人的數學單位,流落在地球的馬雅人後裔當然也保有了。

數字遊戲 —— 零的運用

馬雅人在數學上有一個偉大之處,就是將「0」運用到計算中來。這一做法比歐洲人早 8 個世紀,因而使向來以數學之先進而自豪的西方人大為震驚。

馬雅人有自己的一套計數符號。他們以一個圓點代表「1」,一橫代表「5」。第一位到第二位採用 20 進位制,第二位到第三位採用 18 進位制。這種表達法顯示,馬雅人已在計算中引入 0。借助於數學上的精通,馬雅人在沒有分數概念的情況下,精確地算出太陽曆一年的時間,其精確度比我們現在通用的格勒哥里曆法為佳。他們透過對金星軌道的觀察和計算,算出金星公轉週期為 538.92 日。按照他們的算法,一千年才有 1 天

的誤差。

　　古代社會中，天文、曆法、農事三者總是密不可分，而它們的基礎又都在計算。馬雅人在數學上的早慧，使它們在天文知識、曆法系統、農事安排上都表現出一種複雜高妙而又井然有序的從容自信。從馬雅人的先進數字概念可以看到其形式思維能力的早熟，以及其整個天文、曆法、農事知識系統的規模。

　　在西元前 1000 年前，由簡樸的農漁社區發展出輝煌的文化，馬雅人以幾近零誤差和令人驚異的正確度來設計，建設太陽和月亮等神殿。古代馬雅人的數學和天文學的優越令人非常驚訝，世界上最早發明「0」的民族是馬雅人，比阿拉伯商隊橫越中東的沙漠把這個概念從印度帶到歐洲的時候早一千年。

　　希臘人擅於發明，但他們必須用字母來寫數目；羅馬人雖然會使用數字，但只能用笨拙的圖解方式以 4 個數字來代表（Ⅷ）；而馬雅人卻能夠發明一種僅使用 3 個符號 —— 一點、一橫、一個代表零的貝形符號 —— 來表示任何數字的計算法，實在是不可思議！

　　現代算術發展於印度和中東，以「十進位」法求出所需之數目，而馬雅人在那時已知相對值（Relative Value）的用處及二十進位法，他們把大數目以縱行表示，從最下面起朝上念，垂直進位，由 1 而 20，由 20 而 400，由 400 而 8,000，由 8,000 而 16,000……，20 以下的數目用一個象形圖來表示，每一個象形圖都走出點和橫線組成，每一點代表 1，每一橫線代表 5，貝

形圖案則代表 0。

馬雅人已經知道 0，以二十進位法，並利用類似算盤的方法，用兩個記號：「點和線」。兩個記號，正是今天電腦的基礎。這種方法，可能極易使用天文學的數字，在瓜地馬拉的吉里瓜所發現稱為石標的雕刻石柱中，記載著 9,000 萬年、4 億年的數字。

醫學上，已利用打開的頭蓋骨，製作木乃伊的技術以及藥草、香的治療法等。這種使用藥草、香等的傳統自然醫學，至今墨西哥的人們還使用著。

奧妙的馬雅天文學

馬雅人的天文學之奧妙在於觀察的方法。如果觀察線夠長，將觀察到的週期誤差減到一天以下是可以做到的。馬雅留下的觀星臺有一座是圓形的，其他都是建在金字塔形的底座上。這些建築從底下看上去大都高聳入雲，有些還整個建在一層平臺上，更顯壯觀。

馬雅祭司全權負責所有天文觀察任務。他們登上高 100 呎左右的觀察塔，由裡向外觀察。用來觀察點的是一個十字形的錯劃。從這一點，參照遠處地平線上的某些固定標誌算出一固定週期，推論出星辰的運動規律，預見到日、月蝕和其他並升、並落現象。

馬雅天文學有一個特點：他們總是想辦法將天文化為地理，把觀察到的只能看見卻摸不到，用人工可及的建築手法加以物

化，盡可能把觀察研究得來的知識為日後的實用提供方便，而不滿足於在理論上得出一種抽象關係。這種「物化天文」的傾向與馬雅人經久不息的築造精神合在一起，為後人留下壯觀的自然與人文結合、相映成趣的場景，甚至到今天仍留存。

另外，馬雅的天文和曆法也比全世界的天文曆法先進，且更具特色，數千年前的馬雅天文成就，實在不是現代天文學家所能理解的，例如我們用現代儀器知道一年是 365.2422 天，而馬雅人在數千年前已測出一年是 365.2420 天，如果是「純種」地球人，能做得到嗎？現代天文學知道一個月有 29.53059 天，但位於墨西哥科潘的馬雅人早就知道一個月有 29.53020 天，另一族位於墨面哥帕連科的馬雅人也知道一個月有 29.53086 天。如此精確的數字，古馬雅人是用什麼東西測出來的？若是原始民族，能用石器時代的原始工具做到如此精準的程度嗎？馬雅的計日單位更是出奇地大，考古學家已經知道的數值為：

馬雅的日曆單位

20 日為 1 烏納

18 烏納為 1 盾等於 360 日

20 盾為 1 卡盾等於 7,200 日

20 卡盾為 1 伯克盾等於 14 萬 4,000 日

20 伯克盾為 1 皮克盾等於 288 萬日

20 皮克盾為 1 卡拉盾等於 5,760 萬日

20 卡拉盾為 1 金奇盾等於 11 億 5,200 萬日

20 金奇盾為 1 阿托盾等於 230 億 4,000 萬日

　　請問了一個原始的農耕民族為何要發展出這麼大的數字？地球上所有的民族都用不到的，現代人也用不到，這麼大的數字只有一種學術會用到，那就是「天文單位」，只有從事太空旅行的人才會用到。在此要了解一點，這些數學體系不是馬雅人發明的，而是他們的祖先外層空間人已知道的數學，在地球上已失去使用價值，只不過經由一代一代的祭司或僧侶（更切確的說應是馬雅天文學家）維護保存下來，因此，馬雅人是外星人後裔的說法更得到了數字上的佐證。

▌馬雅人的記數方法

　　在遠古時期，分布於不同地方的各個民族都在獨立創造和發展著屬於自己民族的數學。由於各個民族所在的自然環境中各不相同，因此，各個民族對事物之間數量關係的理解相對也不相同，於是，就形成了各具特色的數學體系，出現了五花百門的記數方法。在這些五花百門的記數系統中最有趣的是馬雅人發明的一種記數方法。

　　西元前 2000 年至 1000 年間，生活在美洲的馬雅人，曾以現在的宏都拉斯西部為中心，創造了一種燦爛輝煌的古代文明。它是美洲印第安人文化的搖籃。馬雅人很早就已經發明了象形文字，每隔 20 年，他們就樹立一些石碑，刻上重要事件的內容和日期。馬雅人還發明了十分精確的太陽曆，把 1 年分為 18 個月，把每個月份為 20 天，此外加上 5 天「忌日」，一共是

365 天。馬雅人在數學、建築、雕刻和繪畫方面也都有很高的成就。

在馬雅人發明的記數系統，一共只有 3 個基本的符號。小圓點用來表示 1，小短橫則用來表示 5，另外還有一個貝形符號表示 0。僅憑這 3 個基本符號，他們便可寫出了所有自然數：

這種記數方法是 20 進位制的，計數滿 20 後才向高位進 1。那麼，遇到比 19 大的數用到卵形符號。依據馬雅人規定：在哪個數下面加一個卵形記號，哪個數就擴大了 20 倍。例如：要表示 20 這個數，只需在一個小圓點下加一個卵形記號就行了。但如果在 20 的下面再加一個卵形記號，不要誤會是擴大 20 倍，等於 400。

因為馬雅人有特別規定，如果一個數中已經有了一個卵形記號後，原數不是擴大 20 倍了，而是擴大了 18 倍！

十分有趣，如果在二個卵形記號後再加一個卵形記號，那第三個卵形記號又是等於 18 倍了。

馬雅人為什麼要規定得這麼奇怪呢？也許，聯想一下馬雅人把每一年分成 18 個月，把每一月份分成 20 天，你就不會對這規定感到太驚訝了。

對於馬雅人採用 20 進位制的記數方法，有人猜測，在原始社會裡，人的雙手是一種最好的計算機，人類最初都是板著指頭數數的。由於一隻手上有 5 個手指頭，所以有些民族發明了 5 進位制的記數方法；而馬雅人生活在熱帶叢林裡，常常赤著腳，

露出腳趾，遇到比 10 還大的數時，他們就請腳趾來幫忙，於是形成了 20 進位制的記數方法。

還有人猜測，小圓點是石子的形象，小短橫是木棍的形象，卵形記別號很像個小貝殼，在馬雅人發明文字之前，他們很可能就是用這三種東西來記數的。

馬雅人的算術方法，與我們所使用的方式類似，進位的方式卻是由下而上：上一行是下一行的 20 倍（也就是 20 進位制，以 20 為基數）。數字的寫法是以一橫（——）表示 5，一點（●）表示 1。因此要寫出 1987，在最低一行便需寫一橫和兩點（＝ 7），在上一行寫三橫和四點（19×20 ＝ 380），再上一行又寫四點（4×400 ＝ 1600）。

馬雅數理

我們現在所使用的月曆，一年以 365.2425 日計算，馬雅當時的天文學家則以 365.2420 日計算，根據目前最頂尖的天文學家計算，一年應該是 365.2422 日。由此看來，古代馬雅人所使用的月曆，比我們現在所使用的月曆更正確，其誤差只不過是 0.0002 天，換算成秒，一年只差 17.28 秒。

金星曆年是指金星環繞太陽一周所需要的時間，馬雅人花費 384 年的觀察期，算出 584 天的金星曆年（他們發覺金星在 8 個地球年中剛好走了 5 圈，然後再重複循環，便用 5 除 8 個地球年的天數，也就是 292 得出 584 天），而今日計算則為 583.92

天，誤差率每天不到 12 秒，每月只有 6 分鐘。當時絕對沒有沙漏等計時儀器，也沒有任何天文望遠鏡或光學儀器，竟然能準確無比地計算出金星曆來，實在是件不可思議之事。

探究馬雅文明

　　馬雅文明的天文、數學達到很高成就。透過長期周密觀測天象，已掌握日食週期和日、月、金星等的運行規律，制定了精確的曆法。其曆法分兩種，一為聖年曆，一年 13 月，每月 20 天，全年 260 天；一為太陽曆，一年 18 月，每月 20 天，另加 5 天忌日，全年 365 天，每 4 年加閏 1 天。兩種曆法同時並記，每天都記兩曆月日名稱，經 52 年重複一週。這種曆法複雜精密，大約在前古典期之末已創立，精確度超過同時代希臘羅馬所用曆法。馬雅文明數字中使用「0」的概念也較歐洲人早 800 餘年。馬雅文明的另一獨特創造是象形文字體系，其文字以複雜的圖形組成，寫、刻皆需長期訓練，現已知字符約有 800 餘字，但除年代符號及少數人名、器物名外，大部分猶未釋讀成功。馬雅人篤信宗教，社會、文化生活富於宗教色彩，他們崇奉天神、太陽神、雨神及玉米神等 12 位神祇，並盛行祖先崇拜。馬雅國家同時兼管宗教事務，首都即為祭祀中心。國王、祭司、貴族和普通居民生活懸殊，奴隸與農民受統治階級沉重剝削。貿易較發達，已產生商人階級。這些都說明馬雅各邦在社會發展上類似於古代世界的初期奴隸制國家，但目前對其歷史情況尚不完全清楚。

馬雅的石像

聰明如希臘人，只能以字母來寫數字，文明如羅馬人，仍需以四個圖解的方法來代表數字，那麼只使用三種符號 —— 一點、一橫及一個代表零的貝形符號，就可含括所有數字的馬雅人，真是讓人匪夷所思！

最早發明「0」的民族、最早使用兩個標記 —— 點和線（類似電腦的基礎 0 與 1）、及二十進制法，馬雅人在數理上優越的表現令人驚豔。

▌特殊的試論進位法

在人類發展過程的歷史中，各地民眾為了地區上的個別需求和限制，發明了數字系統。原始的數字系統應是簡單且整數的。後來大數目的表現遇到困難，便利用變換組合來表達，但這種組合不方便於計算，統一起來後形成了今日的進位法系統。

只是在發展過程中，難免用不同的基底來做進位法。

由於人類兩手共十指的天生條件，十進制法因而出生。但世界各地卻不一定有做相同考慮方式。

舉例來說：馬雅文化數字系統中，他們第 1 個數字基底用 20，第 2 個以後改用 18，因而進位法是 0、20、360、7,200、144,000 等，這個原因顯然也是為了周天 360 度之故。

在「360」這個宇宙數目限制下，用 20、18 這種進位法，顯然解決了問題，而且 20 和 18 這兩個數字，是在 360 不可能

是某個基數平方下（如 400 是 20 之平方），最接近的二個因數，馬雅數字當然極為合理。

360 的因數頗多，比較可以考慮用來做進位法基底數目有 2、3、4、5、6、8、9、10、12、18、20、60……

每一個都很可能，而且實際上也曾用過作為基底，在數學上，各有各的優點及應用的範圍，但也有其極限。

例如在原始民族中，用 2 來做基底者不少，「非此即彼」的認知觀念當時該是主要的。今日的資訊理論（Informationtheory）的人若來考慮，會同意它給出訊息最多。不過，在現實生活中應用卻極為不便，尤其是不可能一直無限分割地追尋下去，不大適宜用於日常生活。

又如在古羅馬已用到 3,000 數字一組，如 I，II，III，到了 4 便改為 IV，可能這是「我你他」三分法的引申，但在實際用途中，僅用三來表示多數，不很清楚。

又如 5、6、8 這類數字也有用來做基底的，如 8 可能是由二進制到了八卦道教的應用。可能是數目含量仍太小。

比較值得討論一下是基底 60 的進位法用 60 位進位法，最大的困難是從 1 到 60 要有不同的命名或數學符號，乘數表雖更為複雜，但好處也不少。數學史家 Vander Warden 曾在《*Science Awakening*》中研究過，另外，數學史家 Neugebauer 在《*Abhanflungen Gesellsehaft der Wissenschaften*》（1927）和 Thureau Dahain 在《*Esquiss D'une Histore Du Systeme Sexagesimal*》（1932）

中討論 60 進位法的起源和優點。主要有幾點：

1. 60 可以將 10 進位大數字縮短，$1,000,010 = 2$，（46），40（5 位數變為 3 位數。）

2. 60 的因數一共有 10 個（相較於 10 只有 2 個）（1 及本身不算）

3. 用 60 進位法（因數較多）較多有限個數。古人不喜小數，很希望 1/2、1/3、1/4、1/5、1/6 這類的常用分數都成整數單位，如此一來，60 是最適當的選擇。（若容許 $1 = 60$、$1/4 = 15$、$1/8 = 7$……這種 60 進位法，則 1 至 20 之間有 13 個有限小數：1/2、1/3、1/4、1/5、1/6、1/8、1/9、1/10、1/12、1/15、1/16、1/18、1/20，而 2 進位法只有 4 個，1/2、1/4、1/8、1/16，10 進位法只有 7 個，1/2、1/4、1/5、1/8、1/10、1/16、1/20）。但 60 這個數字實在太大了，歐語系的語言大都用 20 來輔助，在習慣上至今仍殘留 20 的遺蹟。

還有一個值得研究的基底，是德國數學家 Heinrich Tietze 在《*Famous Problems of Mathematics*》一文中曾論道，認為用基底 12 的理由和用 10 是一樣的，沒有理由相信用 10 進位法比較好，事實上，一切數字的本質，例如質量大小、數字間的關係，以至基本運算的性質，跟代表數字的背後之數字系統是 10 進位還是 12 進位，並無依賴性，比方說數字的平方、立方……仍然保持原來性質，甚至連數字是質素數或複合數也一樣。僅人的習

慣、後天因數字而起的影響改變了。人們不再在 12 進位中慶祝百年紀念，因它不是一個成數的 84 而已。在因數考慮方面，12 有 2、3、4、6，4 個，10 只有 2、5 二個，12 進位在計算上似乎比較方便一點（尤其是分數方面），但我們認為，比起 10 進位法也並非好上太多

▌馬雅語言

考古學家和語言學家發現，馬雅時代的一種宗教語言現在仍然有人使用。

到目前為止，人們對馬雅象形文字仍然所知甚少。多年來，專家一直很難解讀一些馬雅象形文字。如今，考古學家和語言學家發現，一種不為人所知的印第安土著語言正是古馬雅宗教語言的「後裔」。在馬雅文化中，這是統治者和宗教領袖等精英分子所說的語言。

馬雅文明是古代最偉大的文明之一，這種文明輝煌燦爛，令人驚異。馬雅人建立了龐大的城市 —— 部分城市規模極大、人口眾多。馬雅人的藝術和建築有很高的水準，他們還對天文學和數學有研究。他們的文字書寫相當複雜，和中文有些類似。但從技術上說，馬雅人的社會仍然處於「石器時代」，他們沒有金屬工具，也沒有帶輪子的運輸工具。

在此以前，語言學家一直認為，從口語的角度來說，古馬雅語言已經不復存在了。

　　但由考古學家史蒂文‧休士頓教授和語言學家約翰‧羅伯遜教授率領的研究小組發現，上面提到的這種印第安土著語言直接來源於古馬雅宗教語言。

　　專家認為，這種古馬雅語言可能曾在今天的瓜地馬拉、宏都拉斯和南墨西哥地區流傳甚廣。考古學研究表明，隨著馬雅文明的發展和擴張，其他中美洲語言也開始被馬雅人所接受。但是，由於這種古馬雅語言和最初的馬雅文明有關，代代相傳的馬雅精英分子都保留了這種語言，將其作為他們神聖的宗教語言。

▍已失落的馬雅文明

　　在西元前 500 年前後的中美洲地區，馬雅文明出現，區域包括現在的猶加敦半島，瓜地馬拉，貝里茲及墨西哥南部。馬雅文明自西元前 3 世紀左右急速成長，至 8 世紀達到文明的顛峰，但隨即迅速衰退，到了 10 世紀以後便無聲無息地消失了。目前仍有部分馬雅人後裔散居在中美洲地區。

　　位於離宏都拉斯灣 109 英哩的山嶺中，第卡爾城（Tikal）是馬雅文明的中心，這裡留有許多神祕的建築，包括神殿、石像、列柱，及可蓄水達 21 萬多立方公尺的 13 座蓄水池。

　　為何馬雅文明顯得如此神祕？原因是沒有足夠的歷史資料可供研究，這要歸咎於 16 世紀時西班牙人入侵中南美洲，大肆搜尋黃金及香料，並將大量的物品摧毀，特別是宗教文物。

1672 年西班牙主教蘭達下令將所有的古籍手稿全部燒毀，使得馬雅文化的寶貴遺產付之一炬。現在僅存 3 份手抄本幸運地保存下來，即屈斯登抄本、巴黎抄本及馬德里抄本。但因年代久遠，辨識不易，至今尚無法釋譯出來。

跟每個文化體系一樣，馬雅歷史有著興衰交替。但在動盪及轉變的環境中，馬雅文明仍得以不斷進步。而且，其成就之高實在是匪夷所思，是現今世界古老文明中最不可思議的一個。

早於 5,600 多年以前崛起的馬雅文明，在缺乏金屬工具、車輪或任何能負重的動物的幫助下，依然能夠以準確無誤的角度，興建多個宏偉的神廟及皇宮。智慧之高，實在令人嘆為觀止。而令更多的考古學家們費解的，是他們不單在建築方面擁有超卓的成就，就連數學、天文、日曆、農作、政府及社會結構方面，都發展得異常成熟。到底，他們憑仗著什麼力量，去造就各種的奇蹟呢？

▍未解的象形文本

臉部圖形夾雜幾何圖形，複雜詭異卻又方正工整地排列成行。馬雅文，考倒了全世界的文本學家達 200 年之久。

由左到右？由繁入簡？別猜了，這些艱澀難懂的象形文本，即使經過百年先人的努力，到現在也僅能解讀出 850 字的意義及用法，例如圖裡刻滿文本的墓室，內容仍不為後人所知。

但雖然所知有限，隱藏在文本背後的曆法、宗教及其他更

深奧的馬雅智慧，卻因此被解密。

　　現在就讓我們來肢解馬雅文本結構：馬雅文本，有與常理單一方向悖逆的閱讀方法，它的順序是兩兩成雙，由左至右，由上至下，兩行看完後再接續右鄰的兩行。書寫的格式首重日期次是事件，一段文本若有兩個事件，則需重複列舉，絕不能省略時間的記載，因此每一座陸續出土的遺蹟都留下了最精準的時間紀錄。

　　文本內容多為祭司觀察天體星象、氣候的紀錄，在功能上是極為宗教性的，不但僅能由祭司撰寫，而且只能在祭司團內單傳獨授，絕不輕傳其他階級，因此在西班牙人入境、大量地殺戮祭司後，就等於摧毀了馬雅文化的根基，現在只留下來少數文物可供後人鑑賞。

▌卡密拉胡育奠定文明根基的奧祕

　　卡密拉胡育 —— 位於今日的瓜地馬拉市郊，臨近 3 座火山，可以說是馬雅文明形成期一座極為重要的都市遺址，發跡年代約距今 3,000 年。

　　由於時代久遠，所以卡密拉胡育挖掘出來的部分與整個都市最盛期的原始規模相比，渺小得不成比例，因此仍有很大的延展空間可以補充，即使如此，從卡密拉胡育遺蹟中的若干建築特徵，其實已經顯現了許多極為清晰可見的馬雅文明脈絡，非常值得去深入探索。

在建築方面，卡密拉胡育有一種很特殊的重構或加建房屋手法，他們依循長期曆，以 52 年為一週期，每過 52 年，就會主動將原有的建築物或神廟廢棄，或用土石填平，重新再建造一層新的，這種作法據說是為了顯示生命的輪迴再生，在其他的文明是非常罕見的。

另外，還有一個很著名的建築手法 ── 三角門，馬雅人將這種建造工藝稱作 corval，以三角門堅固支撐住屋梁上沉重的建築為特色，但因為當地的建築多是以土築成，所以這種建築在卡密拉胡育地區很難保存，不像其他地區是以石材為主，所以許多建築都已經倒塌，當時的模樣已難考據。

另外，從瓜地馬拉的考古博物館內，演示的一片石造地板中，還可發現另一個卡密拉胡育建築的奧祕，例如一片刻有政治宗教圖和留有排水孔石雕，不僅證實了當時的馬雅人已有良好的排水系統，還顯示出馬雅人運用高度智慧改善惡劣環境，撐托起高度文明制度與宗教生活的態度、令人懾服的一種生活哲學。

除了建築之外，在卡密拉胡育所出土的古代文物，還呈現了許多馬雅文明前身的色彩和沿革歷程，形式比馬雅全盛時期出土的文物遺產更豐富，例如圖中的雨蛇神前身雕像，就具有一份追古溯源的想像空間，頗耐人尋味。

藝術品

　　馬雅的藝術品大半是為宗教而設，也都刻在宗教建築上，這些藝術品成為後人考證馬雅相當重要的依據。一般來說，馬雅人的建築高度依其不同用途，介於 2 至 50 公尺。當然最高的就屬神殿，是政府領袖和教士的住所。這些神殿和金字塔，多半是用粗石子和泥土堆成核心，再用雕刻過的石頭裝飾外表。因為他們不知道運用拱形，所以沒有圓頂式的建築。

　　大部份的馬雅雕刻也都為宗教而設，使用的材質則是猶加敦半島唾手可得的石灰岩，不過他們也使用木頭、沙岩等其他不同材質。此外，馬雅的浮雕以人或具人形的神為主。馬雅雕刻家也使用大量的珠寶、羽毛、面具及象形文字等裝飾空白處。至於馬雅的陶瓷也有不錯的發展，浮雕陶瓷及彩繪瓷器等與歷史發展息息相關。

▌帕連克最早發現了 Spa ！

　　蒸氣餘煙裊裊，溫池水中洗凝脂，悠閒地享受 Spa，洗滌整日的疲憊，是件很愜意的事，但是你知道早在馬雅古典期的帕連克遺址中，就發現了 Spa 的前身嗎？

　　根據考古學者還原的破舊帕連克遺址，一座設計得美侖美奐的帕連克宮殿重新呈現。

　　在一間間深入地基的隱密房間中，都發現有堅硬的石床與採光良好的並行對外窗戶，除此之外，還有 T 字型的通風口與放置熏香的凹槽。

　　而其中最令人嘖嘖稱奇的是，從宮殿外以人工設運河，與引水加熱的三溫暖設備，由此可想見當時馬雅貴族生活品質之高，除了在中美洲是絕無僅有，甚至現在，也令人欽佩不已。

▌馬雅人放火燒林施肥的原因

　　事出必有因，為什麼馬雅人會放火燒林？裡面也是有原因的。欲知詳情，接下去看就知道了。

　　對生存環境並不舒適、土壤並不肥沃的馬雅人來說，農業可說是文明形成一個最重要的過程。

　　一般來說，遠古人類直到農業生活出現，才會有閒情發展政治活動與宗教儀式，也才有興建城市的力氣與巧思。因此耕作的收成越豐富，改善生活品質的餘暇與心力也就越充裕，文明自然也就有了發展的時間與空間。

　　但由於氣候多雨溼熱、土壤貧瘠等特殊的因素，馬雅並不像其他大河文明，有著米食或麵食栽種的優厚條件，反而以抗溼抗旱特性較強的玉米作為最重要的主食，進而發展出一套「放火燒林施肥，數年後棄田休耕」的特殊耕作手法。

　　而這種不斷查找適當林地，再以火耕游移的玉米農業，就成了馬雅人締造輝煌文明的主要方式，這樣的農業性格，反應在生活上，凝聚成呼應天地的宗教熱情和生命哲學。

　　他們相信輪迴，更相信祭司所揭示的神諭與定律，千年如一日地嚴謹傳承，因此馬雅文明中，舉凡精密繁複的天文曆法、科學知識、與宗教建築，更由此特性孕育而發揚光大。

簡介馬雅的建築、雕刻、繪畫

馬雅人的建築

馬雅人的建築業發達，他們根據宗教、生活和生產的需求建造不同類別：房屋、公共場所、交通和水利工程等。馬雅平民的房舍多為木柱、草頂、籬笆牆，外塗泥土防風寒。貴族、高官的房舍則為長條形或四合院式，通常建築在比較高的臺基上。至於廟宇則建築在高高的金字塔形臺座上。臺基座呈方形，層層收縮。

馬雅建築的布局說明了其社會的面貌。廟宇和府邸建築在城市的中心廣場周圍，與碑石、石座、賽球場構成宏偉的建築群，顯示馬雅社會的政教合一和集權。平民百姓散居在城市郊外，這也揭示了馬雅社會的階級區分。

馬雅文明基本上屬新石器時代和銅石並用時代，工具、武器全為石製或木製，黃金和銅在古典期之末才開始使用，一直不知用鐵，農業技術亦較簡單。但馬雅人的建築工程卻達到古代世界高度水準，能對堅硬石料進行加工雕鏤。馬雅文明古典期的建築以布局嚴密，結構宏偉著稱，內部屋頂採用迭澀尖拱，主要建築為金字塔式臺廟。另外，其雕刻、彩陶、壁畫等皆有顯著成果，博南帕克壁畫即為其藝術的典型代表。

馬雅的雕刻文明

　　馬雅雕刻的主體是神像、人像或獸形，其石雕很少留有空間，空白處通常填滿飾物或銘文。銘文記述雕刻或豎碑的日期，最高統治者出生、結婚、即位和去世的日期、其家族世系、重大歷史事件和祭祀典禮等。

　　馬雅的繪畫多用以裝飾房屋牆壁的壁畫，也見諸於陶器及古書抄本。使用的顏色紅、黃、藍、白等多種多樣。顏料則來自植物和礦物。其畫筆是用羽毛或獸毛製成。繪畫手法寫實、內容豐富多彩，有神話故事、戰爭場景、平民生活及祭祀典禮等。這一切有助於後人了解馬雅人的生活習慣、體形容貌、作戰武器、宗教信仰、勞動場景等。

第四章
馬雅文物和遺址

馬雅文明之戰士神殿

　　吉強‧伊札東側，稱為千條柱的建築物群中，其中最顯目的是戰士神殿建築物。這個較低的金字塔，在階梯頂端的兩側有旗手之像，中央深處是祭壇，支撐祭壇的則是阿特蘭登歐爾（力鼎蒼天者）之像。

　　神殿外側壁上，有戰士頭部鑲入蛇口的雕刻。其下是通往金字塔內部的祕道，祕道和許多祕密儀式的房間相連接。房間的柱子上，有裝飾著羽毛、護耳、首飾並以數量區別祕教階段的祭司浮雕。這些房間都非常美觀，好像充滿另一個世界的氣氛。

　　「戰士神殿」正面是有名的球技場。這裡的球技是儀式性的，和數學、天文學等教育目的有關。參加者使用一種橡皮球，不用手，而以臀部及腿部進行。用臀部及腿部運球，意味著必須十分注意生殖器及性器的部分，也表示操作到達無限智慧能源的方法。球必須畫出和天空的星座平行的軌道，最後透過高掛在牆壁中央的石輪（◎＝∞，無限之意）而結束。

　　球技場是一種由獨特的兩個 T 所合成的形狀（工），站在中央，可以聽到球撞擊時的回音共 17 次。壁約 2 側，有宗教的浮雕，其中央位置有一戰士被象徵性地切首，被切下來的頭部出現 7 條蛇，最後一條則代表永遠生命之木。浮雕的下部有象徵死亡的頭蓋骨，即不斷地出現在祭壇或雕刻中關於武的意念是自然現象，而且和肉體的死亡沒有任何關係，顯示出馬雅祕教

教義中，向內性的祕教之死。

透過這階段的教育及試煉後式精通奧義的人，便移往吉強·伊札以南的地區，即呈圓螺旋狀稱為蝸牛的天文觀測所所在位置，繼續接受教育。

觀測所位於平坦的臺座上，可由 4 個入口處計算測定夏至、冬至的太陽軌道，以及月球由北往南傾斜的情形。上面的觀測室，一般認為有 8 個窗口，從這些窗口，可以觀測衛星，以及衛星與衛星間的關聯，以及無限的宇宙情形。

古代文明的遺留城市馬雅（一）

科學家們運用電腦分析人造衛星，與以紅外線攝影術拍得的數位照片推測，在中美洲的濃密叢林中隱藏了一個古代文明遺留的城市。目前已有考古學家著手籌組探險隊，期望證實此一發現，據料將在各方探險家、古文化遺產掠奪者和其他專業考古學者間掀起探尋熱潮。泰晤士報報導，一年前展開人造衛星遙測計畫的艾金斯，明年春季將率領一個專家小組展開實地探索，參與者均對這個失落的城市確切的坐落地點嚴加保密，而根據某些專家的傳言，這個城市位於宏都拉斯莫斯基提亞地區偏遠的高地叢林中，鄰近西元 205 年至 900 年間馬雅文明的領域。馬雅文明專家葛蘭拇指出，馬雅傳說中有個可自遠處看見的巨大「白色城市」，卻一直未曾有人找到這城市。據說，此城市可能提供較馬雅文明更早期文明的線索。

　　馬雅文明遺留的珍貴玉器和陶器早已遭盜賣至國際市場，價值達數百萬英鎊，而中美洲國家的政府卻無力遏阻，鄰近馬雅文明的失落城市古物也難免遭貪婪的掠奪者覬覦。曾以數十年時間記錄馬雅文明遺址並致力對抗掠奪者的蘇格蘭人葛蘭姆，1971 年與 3 名嚮導在瓜地馬拉遭遇掠奪者伏襲，其中一人遭射殺，死在葛蘭姆的懷中。

　　鑽研馬雅文明的哈佛大學教授佛璽指出，宏都拉斯的莫斯基提亞地區是地球上最難洞察的地點之一，他相信當地存有許多仍未出土的古物。而美國 19 世紀探險家史帝芬斯記載的許多中美洲叢林古文明遺蹟，多數仍未能發現確切地點，這些誘因激發了無數類似史蒂芬‧史匹柏系列冒險電影主角印第安納瓊斯式的人物，熱切的尋求發現古寶的榮耀。

古文明的馬雅遺址

　　艾金斯在研究過關於石灰石建造的「白色城市」傳說後，和他的小組人員借助電腦分析地球上空 400 英里處美國與日本人造衛星拍攝的照片，發現中美洲的灌木叢中存有顯露出人造物體線索的直線與曲線。運用電腦分析人造衛星照片，科學家們甚至得以揭露出隱藏在現代公路網絡下的古文明蹤跡。鑽研阿拉伯半島古蹟的考古學家札林斯是同行中運用人造衛星照片的先驅，他在 1970 年代藉此繪製了聖經創世紀中提及的 4 條河流的地圖，並指出伊甸園可能的地點（目前在波斯灣的水面下）。

馬雅文明

馬雅文明被人發掘至今，有很多都位於瓜地馬拉附近。瓜地馬拉共和國是一個經過古文明洗禮的國家，擁有馬雅文化精粹的痕跡，以及強烈的印第安原始藝術風貌。中美洲的 Sierra Madre 山脈盤據了整個瓜地馬拉境內，因此造就它成為古文明馬雅文化起源之地，也是至今保存馬雅文化最完整的國家。到瓜地馬拉一遊，一定不能錯過馬雅文化遺蹟，它能夠給人一種原始的感受。以提卡爾遺蹟而言，只整修 25%，不像墨西哥的馬雅遺蹟幾乎已整修完畢。

▌古代文明的遺留城市馬雅（二）

超文明是由外星人形成？

如同金字塔一般，馬雅文化也被視為是外星人所建立。在「碑銘神殿」馬雅文明最初的金字塔墳墓，在墓室裡放置了一副石棺，1952 年 11 月，石棺被考古學家開啟，棺木內蓋滿一整面的藍光寶石碎片，裡頭是一具男性遺體，胸前是玉製串珠的護胸，臉上戴著翡翠面具，10 根手指套上翠玉戒指，裝飾在遺體上的翡翠飾品，共計有 967 個之多。

直到 20 年後，美國從 NASA 發射宇宙飛船，其中一位遺蹟研究員透過電視轉播，發現那石棺上的圖案非常酷似阿波羅宇宙飛船升空情景。

馬雅超文明

這位研究者把石棺圖拓印本拿給 NASA 人員，NASA 人員肯定地表示：「這是將宇宙飛船內部的狀態加以圖樣化的東西」、「這圖是模擬 NASA 的發射畫面照片作畫」NASA 人員甚至懷疑是否是 NASA 內部宇宙飛船圖樣流傳出去，當研究員告訴他們，那是一張由至少存在幾千數百年的遠古遺蹟中發現的石棺拓本，每個人都驚呼不可能。

馬雅文明現身 —— 石棺

因此有人認為那副石棺的主人，乃是駕馭宇宙飛船的年輕人，瑞士研究學者艾立西‧弗‧泰尼肯也表示古代的人類文明是來自外星人，抑或是透過外星人指示建造而成的。

然而擁有高度文明的古代馬雅人，卻突然離開遺棄了自己的文明，也許他們預見了某些事情，也留下了馬雅預言書，給後世一些預警。

▌瓜地馬拉發現最古老的馬雅壁畫

一個考古學家意外的在瓜地馬拉發現最古老的馬雅壁畫。壁畫長 1.2 公尺，距今已有 2,000 年，是近幾十年最重要的關於馬雅考古學的發現之一。考古學家威廉‧薩圖納（William Saturno）舉著火把在 SanBartolo 金字塔位置下被劫掠者挖的隧道裡無意中看見了這幅畫。去年 4 月國家地理雜誌已經報導了這個

馬雅發現。美國 New Hampshire 大學講師 Saturno 先生說：「它為遠古史前神祕的馬雅生活打開一扇窗。」這幅位於 24 公尺高的金字塔內的壁畫，與其他馬雅文明的作品對比已被證實確實是來自馬雅文明。而先前唯一知道那個時期的發現僅僅是來自提卡爾：瓜地馬拉北部的一座馬雅廢城，曾是馬雅城市中最大也可能最古老的一座。但這座城未能被好好保護起來。

馬雅水晶

水晶骷髏

在中美洲的貝利茲（Belize）的馬雅遺蹟中發現了水晶骷髏。這個水晶骷髏是個完全以水晶石加工研磨而成的，大小幾乎和人類的骷髏相同。

至今馬雅後裔仍然會施咒於透明水晶，小心地帶在身上。而馬雅人對骷髏是一種神明供物，象徵和神明心意相通。

令人難以想像的製作技術。水晶是一種硬度極高，幾乎無法任意切斷、隨意造型的礦石，但古馬雅人卻可以輕易地完成如此精巧的水晶製品。

1927 年在宏都拉斯一次馬雅文化古代都市魯巴達的挖掘工作中，在已倒塌的祭壇中發現 1,000 年前的水晶頭蓋骨。人類學家基恩博士認為此是女性的頭蓋骨。此水晶頭蓋骨是利用高純度的透明水晶所製成，沒有留下使用工具的痕跡，其硬度約是 7

度，用一般刀子是絕不可能打造完成的，而且和人類的頭骨蓋十分類似，其製作年代約在馬雅文明時期。

更令人驚訝的是，當雷射光射中頭蓋骨的鼻孔，剎那間整個頭蓋骨放出光芒。由此可知頭蓋骨的雙眼具有稜鏡的效果，這是因為頭蓋骨內部，有複雜的透視鏡反射效果。經過有關人員的細心研究，證實此水晶頭蓋骨是利用某種碰撞力量雕刻成的，在其頭部及顏面部發現有「雙晶」（受碰撞而形成的結晶）。究竟古代的工匠是運用什麼高科技製造的呢？當然我們可以推測可能是外星人的傑作。

水晶頭骨（一）

若不是古文物出土，很難令人相信早在遠古時代，就有現代高科技無法超越的工藝技術。中南美洲馬雅文化中深具神祕色彩的「水晶頭骨」就是其中一例，遠古時代的馬雅人如何用水晶雕出足可亂真的人頭骨，謎底至今仍無法破解！

相傳「水晶頭骨」是馬雅人所使用的神祕記憶寶庫，至於如何記憶，現代科學家尚未發現。它還具有一種能讓心靈平靜的力量，是神廟求神占卜的重要法器。據馬雅文明後裔的祭祀說，「水晶頭骨」具有 10 萬年的歷史，但目前多已消失。

水晶頭骨同時也說明人類文明早在萬年之前，甚至數百萬年前，就曾在地球上輝煌發展過，只是我們不知道罷了。

水晶頭骨（二）

雖然人們對馬雅文化中種種不可理解的成就早有所聞，但這個 1927 年在中美洲宏都拉斯馬雅神廟中發現的水晶頭顱，卻依然令人震驚。這個頭顱用水晶雕成，高 12.7 公分，重 5.2 公斤，大小如同真人頭，是依照一個女人的頭顱雕成的，據馬雅古代傳說，這個水晶頭顱具有神奇的力量，是馬雅神廟中求神占卜的重要用具，至今 1,000 多年歷史，專家們研究過頭顱的表面及其內部結構後，肯定其歷史非常悠久，確是馬雅時代遺留的文物。

但令研究者們困惑的卻是：這顆水晶人頭雕刻得非常逼真。不僅外觀，而且內部結構都與人的顱骨骨骼構造完全相符。而且工藝水準極高，隱藏在基底的稜鏡和眼窩裡用手工製作的透鏡片組合在一起，會發出眩目的亮光。我們知道，近代光學產生於 17 世紀，而人類準確地了解自己的骨骼結構更是 18 世紀解剖學興起以後的事。這個水晶頭顱卻是在非常了解人體骨骼構造和光學原理的基礎上雕刻成的，1,000 多年前的馬雅人是怎樣掌握這些高深的解剖學和光學知識的呢？

還有，水晶即石英晶體，它的硬度非常高，僅次於鑽石（即金鋼石）和剛玉，用銅、鐵或石製工具，都無法加工。即使是現代人，要雕琢這樣的水晶製品，也只能使用金鋼石等現代工具。而 1,000 多年前的馬雅人還不懂得煉鐵，他們又是使用什麼樣的工具加工這個水晶頭顱的呢？難道他們早已掌握了我們

現在還不曉得的某種技術嗎？

　　從這個奇異的水晶頭顱來看，也許馬雅人掌握的科學技術，比我們所想像的還要高超得多。但他們又是怎樣獲得這些科學技術的，就更是謎中之謎了。

▌走進金字塔

金字塔與「和諧聚會」的傳奇

　　大金字塔在我們的心目中，一方面代表著黑暗過去的暴君奴役苦力，同時它又代表著未來與不朽。我們的媒體在世紀末炒熱有關金字塔是如何建造出來的話題 —— 是由外層空間的訪客、抑或疲勞的埃及奴隸使用槓桿與坡道造成 —— 只不過是現代面臨極限時緊張不已的進一步證明而已。世紀末的問題總是這樣的，我們有沒有能量維持下去？若有，這能量要從何而來？在千年結束的時候，我們帶著更大的期待與更深的無力感去追求能量的新來源。在每一世紀結束之際，都會出現一種新能源嗎？我們是否已經處於即將耗盡「無法再更新」能源供應的險境，還是會有一種新的千年神祕諾言出現，讓核融合、低溫超導、金字塔力量、水晶的能量轉換都能得到肯定的答案？

　　「人類尚待完成的事」，1984 年，柯特·孟德爾松（Kurt Mendelssohn）在他的《金字塔之謎》（ *The Riddle of the Pyranids* ）一書中寫道：「是去創造一種新型態的生活，讓全體人類

都能過的生活……這是我們必須共同建造的一座新金字塔；但我們所建構的放射性廢棄物墓穴，已與法老王木乃伊一樣地精密及昂貴了。」我們將面臨全球性的生存與全球性的死亡，二者之間就是金字塔的文明成果，它是這世紀末的神祕建築，它們與基本方位、晝夜平分線、或者是金星子午線都連成一線。它們是整個人類成就與力量的結合。它們是牢不可破的天機以及天文學啟示的看守者。

金字塔已經成為和諧聚會（Harmonic Convergence）之所在。阿奎拉斯（Jose Arguelles）於 1953 年在墨西哥首次見到太陽城的金字塔，那時他還是一個 14 的少年。在 47 歲的時候，他寫出了《馬雅因素》（*The Magan Factor*）一書並於 1987 年出版。阿奎拉斯用令人費解的圖表與算術解釋，馬雅人在計算宇宙時間方面的知識，表面上從他們令人驚奇的金字塔頂端實際觀察天文得來，但事實上它是一種偉大的科學系統的一部分，那些被我們稱之為馬雅人的人，實際上具有銀河的力量，他們可以透過轉變脫氧核糖核酸（DNA）的方式，把自己從某一星系躍遷到另一星系。阿奎拉斯的這本《馬雅因素》是一本新世紀暢銷書，其中就提到人類的「和諧聚會」將促進團結與增添活力。

1987 年 8 月 16 日星期日的清晨，數以千計的人聚集在地球宇宙之交匯點，地點從日本的富士山到秘魯的印加廢墟（Machu Picche）、到大峽谷到大金字塔，他們在這些地點舉行了一

次和諧聚會。「預言裡面說到，14萬4千名太陽舞者沐浴在太陽之下，將帶來新世紀。」加州沙斯塔峰（Mount Shasta）聚集群眾的領導者說。「讓你自己也成為那14萬4千名舞者之一，成為跳躍的太陽之一。」這14萬4千人即神的祕密僕人，將提供心靈契合與「臨界能量」來支持一種從分離到統一、從恐怖到愛的演化轉變。

在北卡羅萊納州毗斯迦平原的鷹巢營地，魯絲‧布萊克威爾‧羅杰斯（Ruth Blackwell Rogers）在和諧聚會的首口清晨自他的帳篷裡醒來，回想起做了一個夢。「我做的這個夢非常奇特，我們看到人們祝福著兒童，把手伸向孩子們以便能將能量傳送給他們，因為他們是希望，是得到這些能量並傳承下去的人。我們這一代是座橋梁，但他們那一代在新世紀將是羽翼全豐的。」

我們明顯可看出，《馬雅因素》一書與因而舉行的和諧聚會完整地預演出全部的世紀末經驗主題。

若和諧聚會的參與者並非著眼於西元1000年，那就一定是在超越千年之際時，堅信世代必將延續下去。那些在胡夫金字塔下集合併吟唱的人們，或是在南達柯達州黑山手牽著手的群眾，抑或是那些於1987年8月16日和17日那兩日獨坐海邊沉思世界和平的人，他們都在將世紀更替時必將出現的事預先呈現出來，並且延續每逢西元千年便必不可少的傳奇。

魔術師金字塔侏儒的傳奇

位於烏斯馬爾（Uxmal），造型特殊的魔術師金字塔（Pyramid of Magician），可以說是整個城市的精神中心，除了擁有一個全馬雅遺蹟中獨一無二的橢圓造型外，還有一個有趣的神話傳說。

故事的主角是一個擁有超強法力的神奇侏儒，他從一顆蛋誕生，撿到他並且將他撫養長大的養母，是一隻具有法術的母烏龜，因為國王的刁難，他在一天內，需要建完這座前所未有的宏偉金字塔，而這個故事的結局是他當上了烏斯馬爾英明的領袖。

這則神奇侏儒的荒誕神話當然不是真的，經過考證，這座金字塔，一共歷經了 5 次大規模的建蓋與修整，才達到今日的規模。

烏斯馬爾的建築風格，雖華麗壯觀，但背後卻更隱含了務實特色，那就是精密的分工計畫與組織色彩，那時的馬雅人，已懂得用類似工廠生產線的超高效率和分門別類的品管方式，共同群策群力，砌建出一座座規格統一的完美建築群。

更令人驚異的是，在墨西哥灣西岸的遠古奧爾美加遺蹟當中，也發現一個疑似這位侏儒魔術師的蛋形石雕。這個發現，拉大了這個神話故事的時空，竟從只有 1,000 年歷史的烏斯馬爾，直追到這個中美洲文明的共通始祖，3,000 多年前的奧爾美加，驚人地連結成一個十分值得玩味的文明現象。

提卡爾尋回失落的繁華

拔地而起、與天比高，提卡爾金字塔，美得令人窒息。

提卡爾城，位於今日瓜地馬拉境內，與帕連克城同列為馬雅古典期的重要古蹟，而提卡爾金字塔，最大的特徵，在於傾斜度高達 60 度的驚人設計，這種高聳的斜度，不只是馬雅文明中所僅見，更可以說是舉世無雙的世界奇觀。

西元 1955 年起，美國百餘名考古專家正式動工，在經過了 14 年的挖掘，共發現 500 多個建築物，數以噸計的出土文物，一座幅員 130 平方公里、布局精巧的古馬雅城，終於甦醒。

根據統計，光是提卡爾城中心區域，就有 10 幾座大型金字塔、五 50 多座小型神廟。在年代的考據上，從西元前 6 世紀首次出現的最早的金字塔建築，一直到 10 世紀才沒落荒廢，長達 1,700 年之久。

提卡爾的每一座金字塔，都有各別隸屬於某位皇親國戚的紀念價值，既合乎於群眾的宗教用途，更彰顯了個人的政治價值，這個現象充分發揮了馬雅統治階級的「人神合一」特質。

「失落的世界」金字塔，是提卡爾城最早樹立的金字塔，早在馬雅的形成期就已經出現，足可見當時已具有社會結構和宗教文化。

而整個提卡爾遺蹟，最令考古學家振奮的，莫過於有「豹爪神殿」的 1 號金字塔，這是繼帕連克的碑文神殿後，再度從金字塔內部尋獲國王墓室的第二例證，考古學家從內部的文本

譯碼推演，因而描繪出更多提卡爾王室的歷史輪廓，以及幾位重要統治者在位年份、名號與事跡。

除了在宗教祭典及國王陵墓的功能外，考古學家還在提卡爾遺蹟中還發現用來彰顯紀念政治人物的「面具金字塔」，據悉「面具金字塔」是豹爪國王為了愛妻而建，與「豹爪金字塔」隔著廣場相對，別有一番濃情蜜意。

造型各異高聳得令人嘆為觀止

沉默千年，待解的馬雅歷史，看得到摸得到，但背後未知的智慧和生命力，卻有待後人去攀登，去發掘……

馬雅人所創造出的文明景象中，最令世人驚嘆的偉大奇觀，莫過於深藏在中美洲叢林中，數量驚人且高聳入雲的金字塔遺蹟了。

這群金字塔，不但是促使馬雅文明被重新發現的一項重要線索，更是馬雅先民運用高度智慧堆積起來的一座座完美結晶。

與埃及金字塔不同的是，馬雅金字塔多是以石頭建構、實心的建造手法，完全沒有任何入口，可以讓人鑽入塔中心，因此馬雅金字塔可說是完全沒有歷經過盜墓者的洗劫光顧。

至於造型多變、坡度各異，各個時期、地區的外型都不一致的馬雅金字塔，其實在基本體系結構上卻是相同的。

羽蛇神殿飛蛇交錯金光閃閃

春、秋分際,始能相會,剎那間的火花,照亮飛蛇空中交纏成雙。

隨著後古典馬雅人到了乾旱的石灰岩平原後,掌管普降甘霖的馬雅雨神,結合蟒蛇形體,搖身一變,成了馬雅人心目中最重要的神明,也成為一個後古典馬雅特有的宗教符號,羽蛇神 —— 庫庫爾坎(Kukucan)。

至於羽蛇神在當時馬雅人心中的魅力指數有多驚人?從位於奇欽伊薩,掌握時序輪迴的庫庫爾坎金字塔就可以明顯看出,整座高聳的金字塔,由四個 45 度傾斜的階梯所環繞,各 91 階,四面共 364 階,加上塔頂的羽蛇神廟,合計 365 階,象徵太陽年的 365 天。

庫庫爾坎金字塔又稱羽蛇神金字塔,整座金字塔的建築,最令人嘖嘖稱奇的並非規模或形式,而是金字塔北面,兩座看似平凡的羽蛇神頭像,與 9 層上升臺階的彼此搭配設計,在每年春分和秋分日落時,發光的蛇頭和九層臺階切割映照成的飛蛇圖形,象徵著羽蛇神在春分時的降臨和秋分時的離開,一年之中只有這兩天,能看到這兩條蛇的交替出現,金光閃閃、神靈活現,令人嘆為觀止。

從羽蛇神廟受重視的地位來看,不難看出羽蛇神庫庫爾坎,在當時馬雅人心中,地位更高於常規雨神,因為祂除了支配降雨外,還掌管了農業、豐收、天氣、大地,種種與萬物生長、生命輪迴有關的一切崇拜因素。

　　至於馬雅祭司，如何透過精確的天文計算與宗教化的設計，來動員全體民眾，建蓋出的這座羽蛇神廟金字塔，並用神靈的定時來去，來解釋大自然時序變換與宇宙運行，以宗教面來看，馬雅祭司的能力好似高深莫測，但細細推敲後發現，事實上，馬雅祭司只是將代代相傳的科學知識神格化，把大型建築的建造與宗教神靈巧妙包裝，以掌握農耕生活的群體機制。

碑文神殿刻畫歷史

　　位於帕連克古城的碑文神殿金字塔，因為塔頂上神廟的牆，裝飾著刻滿馬雅碑文的精緻浮雕而得名，廟內有一篇當前所知篇幅最長的馬雅碑文，分刻在三塊石匾上，共有 617 個圖譜般的象形文本。

　　949 年開始，考古學家阿爾伯托呂茲（Alberto RuzLhuillier）所率領的一支墨西哥考古隊，開始對碑文神殿進行一次大規模的清理和發掘工作。當他整理完神殿內部時，他發現了一些疑點，而這些疑點透露了一些不凡的消息，使他深信，這座金字塔極有可能另藏玄機。

　　於是，一段漫長艱辛的挖掘過程展開，終於，在歷經了 3 年的挖掘工作後，呂茲挖出了一條深 20 公尺、長 67 階的地下通道，金字塔的謎底也因此終於露出曙光，通道的盡頭，2 道石牆之間，發現了 6 具年輕殉葬者的屍骨。

　　更向下 21 層階梯，通路盡頭的左側，發現一塊三角石板，

在石板被撬開後，馬雅驚人的歷史真相正式揭曉。

一間覆蓋著一塊六噸重墓塊的大型墓室，幽靜地呈現在考古隊的眼前。墓蓋上雕鑿著國王前往冥界的情形，移開墓蓋，大石棺活生生地證明了馬雅王室陵墓的存在。而躺在石棺裡的偉大人物，成了第一位證明了馬雅歷史的人證，也就是這座神殿碑文中所說明的第一主角，帕連克王朝的創建者，帕卡爾國王。

帕卡爾國王的陪葬品，豐富得令人驚嘆，包括各種金玉鑲嵌的皇冠、項鏈、耳環、手鐲和小人偶等飾品，更特別的是，覆蓋在他臉部的青玉面具，清楚地保留了這位國王生前所擁有的一張英挺相貌。

帶著青玉面具的帕卡爾國王，所帶給世人的震撼，當然不止是他的生前長相，而是打開了整個馬雅歷史的一條線頭，迫使西方考古學家不得不承認，帕連克城曾經擁有一段極為輝煌紛亂的人文歷史，而不只是安份無爭的宗教生活，而且，他們也開始相信，帕連克的馬雅人確實在他們的宮殿牆面或所有碑文之中，清楚地刻寫著他們的歷史和文明，一字一字，榮耀而且驕傲地記錄著，一場場人治色彩極為濃烈的帕連克盛世。

帕連克顯赫王族呼之欲出

帕連克古城，位於墨西哥南部尤加敦半島內陸雨林，是第一座讓歐洲人，重新發現馬雅文明的古典時期城市。

在帕連克遺蹟中，除了有馬雅城市中慣有的龐大金字塔群外，最特殊的是還有一座結構完整、功能齊全的宮殿遺蹟，這座引人注目的帕連克宮殿，建構在一座 100 平方公尺、10 公尺高的基壇之上，就外觀上來看，與宗教用途的金字塔神殿十分不同。

而宮殿的內部住屋，則有除了帕連克以外，其他馬雅遺蹟看不到的浮雕，以一片完整倖存在牆面上的作品來說，幾經考證後，證明就是最知名的帕連克國王帕卡爾（Pakal），從他的母親手中接取王位加冕的紀錄，這些浮雕圖像雖然出土後曾遭到否認，但在日後更多的佐證史料出土後，卻將馬雅王室政治史活生生地跳脫出來，不容否認。

除了觸目可見的王室記憶之外，帕連克古城集會廣場的設計，也揭示了帕連克時期，政治活動的頻繁與活躍，另外放置熏香的凹槽、令人嘖嘖稱奇的引水加熱的三溫暖設施，也顯出馬雅王室生活品質之高，中美洲的其他文明實難有出其右者。

這些驚人的文明特徵，讓一群有心的考古學者，開始對帕連克的馬雅文明，生成了高度的興趣。但關於這座城市的真正歷史，卻是在探索 200 年後，1950 年間，矗立宮殿身旁的碑文神殿金字塔，被一位墨西哥的考古學家，挖掘出一處馬雅國王的陵墓後，證實了帕連克王室的存在，才解開了馬雅歷史的第一道謎題。

「巧合」與「偶然」

「偶然」和「巧合」也許是英語中經常使用、但卻讓人感到迷惑不解的兩個詞。特別是當那些以科學家自封的學者們在遭遇出乎其預料，或對某一未知事物無法做出合理的解釋時，這類詞彙便成為他們毫不猶豫的首選。當我們將南、北美洲的東海岸線和歐、非兩洲的西海岸線拼合在一起時，它們簡直可謂天衣無縫，但長期以來學者們不願提出大膽的、有創意的猜想和假說，直到最近，我們才知道，它們當然不是巧合：在幾百萬年前，這兩塊陸地曾經是緊密相連的一體。

居住在大西洋兩岸的古代民族，他們不約而同地將自己的統治者埋葬在階梯形金字塔中，是否也是一種巧合呢？在索爾‧海耶達乘著「日神號」從埃及航向加勒比海之前，專家學者們仍然毫不猶豫地選擇了這類詞彙。

弗雷德，霍伊爾在其大作《天文學的前沿》一書中曾經說過這樣一句話：「偶然」是一個極易被濫用的概念。當我們面對事實時，我們應該具有設法加以解釋的勇氣而非對其熟視無睹。「偶然」和「巧合」顯然是不加思考地避開難題的最佳藉口。事實上，人們不斷地說：「它超越了我們的理解範圍，對誰也解釋不了的事情強加解釋，實在是對時間的浪費。」顯然，這種措詞對人類的進步而言，具有極大的危險性。如果人類相信一切事物都被偶然所主宰，那麼，我們今天仍然會同那些猿猴一樣跳躍在樹枝上；如果將氣象、洪水、疫病和日月

蝕，全都視作巧合或偶然，那麼，人類又何以創造日曆、種植穀物、算計四季的遷移，發明藥物以及學習鑽木取火呢？面對在大金字塔之外的地方，諸如馬雅金字塔、日本金字塔、歐洲金字塔，以至火星、金星上的金字塔現象，我們的學者們仍然固步自封，甩不開智慧上致命的儒怯，一如他們曾經不斷地做過的那樣用「偶然」和「巧合」之類的詞彙證明著他們的冥頑不化。

精心策劃的騙局

在世界各地的金字塔中，都發現了神祕的木乃伊。但今天，已經沒有人對此感到大驚小怪了，因為科學早已確證，只要將屍體放進金字塔，一段時間之後，它就「自然木乃伊化」考古學家證明，我們今天在金字塔中發現的木乃伊其實只是金字塔的入侵者。正如埃及人發現吉薩金字塔一樣，來到中美洲的人發現了馬雅人的金字塔，但發現者們偶然洞曉了金字塔所具備的奇異的保藏能力。人類固有的追求永生的願望，讓他們將馬雅人用完貯藏品後拋棄的建築物，當作了王者的墓地。別的一些考古學家和人類學家則認為，將屍體貯藏在這些巨大的建築物裡，決非出於某種偶然。

馬雅人為何容許將金字塔作為墓葬？是為了矇蔽世人，讓我們無法看清金字塔的真正祕密嗎？在亞特蘭提斯或南極洲時，馬雅人並不需要這種偽裝。但當他們移居到新的地方後，

這種策略就被發現是必要的了，而且，它確實是極為有效的：我們被騙了 5,000 年之久！

誠然，這個騙局極其可能是有意布置的，但看上去更顯得可信的是，當後來者見到此龐大建築時，就將其當作了為某些偉大的統治者所修建的紀念碑廟，或者將其當作了安葬某些特殊的死者的陵墓。我們可以巨石籬（Stonehenge）作為例證：我們今天已經知道巨石籬是在督伊德教派的人們到達不列顛之前便已建成，它本來是馬雅人用來觀測星辰、計算日月蝕和四季遷移的一座計算系統——跟我們今天的電子電腦有一定的相同之處。當馬雅人遷離此地後，便廢棄了它。後來，督伊德人來到了不列顛，他們對這座偉大的建築物原本的用途自然難以理解，便將其當作了傳說中天神的神殿。自此開始，督伊德人即將其死者安葬在巨石籬的四周，並在圍牆內進行宗教儀式。到了 20 世紀中葉，由於在巨石籬和其四周的墓葬中不斷地發掘出督伊德人使用過的各種神器，學者們就理所當然地、錯誤地相信巨石籬僅只是督伊德人的一座祭神用的廟宇。也許想弄清巨石籬的真正用途，我們所需要的應該是一位天文學家和一臺現代化的電子電腦吧？

在發現巨大的金字塔時，埃及人、阿茲特克人和托爾特克人所產生的本能反應應該是相同的，因此他們理所當然地將之當作他們首領的墳墓。在一些金字塔上，他們還節外生技，修建出一座廟宇來供奉其神靈。得出這個結論的理由可以說是顯

而易見的：金字塔自身的結構完美無缺、天衣無縫，而其頂上
附加的廟宇則相當原始落後，兩者的差別一眼即可看清。

探究神祕境地

　　從西元前開始，持續了兩千年之久的中美洲馬雅古文明，
蘊藏了許多連現代科學都難以解釋的神祕現象，因此有人說馬
雅文化，其實就是外星人文化，仔細觀察馬雅古文明當中的巨
大金字塔或神廟，所有的建築工法竟都與天文和曆法做了完美
的結合，不可思議的景象，一起來看看。足以代表馬雅古文明
其中之一的墨西哥奇琴伊察金字塔，鎮守雄偉建築之下，是一
隻張著大嘴的巨蛇階梯，這巨蛇其實暗藏玄機，每年 3 月 21 日
春分之日，神奇現象也要在世人面前展現，當太陽升起，隨著
旭日東昇，太陽角度變換，讓巨蛇階梯的光影也產生變化，最
後竟形成宛如蛇身般的景象。

　　馬雅人相信，當這種景象出現也就是保佑穀物豐收之神到
來，無不歡欣鼓舞，但從現代的科學角度來看，要利用光影
形成巨蛇行進的影像，其實必然是透過極其精準的計算，而登
錄為世界遺產，被喻為是馬雅文明中最美麗遺蹟的墨西哥帕倫
克，歷史可追溯自西元前 100 年，是個古老城市，但建築物卻
已經充分善用天文學。在這片遺蹟中有一個太陽神廟，同樣在
春分這一天，清晨 6:50 分，太陽漸漸升起，到了 7 點整，旭
日出現的瞬間，有一道細細的耀眼光芒，長驅直入地深入神廟

內，讓我們用動畫來分析，太陽光從神殿正中央進入，閃過牆壁與石柱，直直朝著神廟深處前進。而到了 6 月 22 日夏至這一天，陽光則會像這樣，進入最後一排的對角線空間中，我們可以這樣來看神廟本身，就是用來計算曆法的一種工具，藉由陽光射入的角度讓馬雅人判斷時間，其實就如同馬雅人對曆法的計算，至今依然遺留不可思議之謎，這塊石碑上，刻畫的是馬雅文明獨有的長期曆，也就是馬雅人的日曆。

　　長期曆的第一天是西元前 3114 年的 8 月 13 日，一天又一天，日子開始堆疊，按照馬雅文明的這套曆法，187 萬 2 千天是一個輪迴，如果按照這樣的算法，那麼明年 2012 年 12 月 23 日就是長期曆的最後一天，末日預言眾說紛紜，但馬雅古文明卻能在 2 千年前就精準計算天文和曆法，難怪會被人認為馬雅文化是外星人文化。

永恆的時鐘

　　在墨西哥城東北 40 公里處，有一座同埃及胡夫大金字塔同樣宏偉壯觀的金字塔，這就是著名的泰奧提華坎古城的太陽金字塔。

　　太陽金字塔坐東朝西，正面有數萬級臺階直通頂部。塔基長 225 公尺，寬 222 公尺，高 66 公尺，共 5 層，體積達 100 萬立方公尺。同埃及金字塔一樣，太陽金字塔基本上呈四方形，而且也正好朝著東南西北四個方向。塔的四方，也都是呈「金

字式」的等邊三角形，底邊和塔高之比，恰好也等於圓周與半徑之比。

每年的 5 月 19 日中午和 7 月 25 日中午，當你登上太陽金字塔的頂部時，太陽就會在你的頭頂上。每年的這兩天中午，金字塔的西面都會準確地朝向日落的位置。這是「偶然」還是「巧合」呢？

另一個看上去同樣是經過了精心設計但卻更加奇特的效果，則在春、秋時節（3 月 20 日、9 月 22 日）出現。每到這兩天，陽光從南往北移動。在中午時總會造成如下現象：金字塔西面的最下一層會出現一道筆直的逐漸擴展的陰影。從完全的陰暗到陽光朗照，所花的時間不多不少總是 66.6 秒。

無疑地，在我們對太陽金字塔的種種可能的用途進行推測時，其中的一種用途似乎是可以確定的，即，它是馬雅人「永恆的時鐘」，它總會在每年春、秋分來臨之際提醒馬雅人對時間流逝和計量的關注，並在必要時對制訂的曆法加以修正。同時，太陽金字塔還告訴我們，泰奧提華坎的建造者擁有豐富的天文學和測量學知識，並將其應用在太陽金字塔的修造上，制訂了精確入微的方位，使之具備了準確無誤地預報春、秋分的功能。

這樣的規劃和運作即便在今天也是難以完成的。但令人扼腕嘆息的是，幾千年歲月的流逝也沒能摧殘的太陽金字塔，卻在 20 世紀初葉的一場浩劫中慘遭重創 —— 李奧被度·巴特

雷斯，這個自溺的古蹟修復專家，粗暴地翻修了太陽金字塔的整個外殼，讓我們對這座神祕建築物的原始功能無從進一步了解。不僅如此，巴特雷斯還挖掉了金字塔北面、東面和南面的外層石塊、灰泥和石膏，深度達到 20 多英呎。這種破壞造成的惡果是觸目驚心的：每當天降大雨，塔底的泥磚就消溶在雨水之中並隨水流走，大量的土石流定，致使整座金字塔隨時都有坍塌的可能。即便當局在後來進行了一些相關的補救措施，使土石流失得到了暫時的遏止，但這座宏偉壯觀的金字塔卻早已面目全非，再難恢復昔日懾人的景象。

　　巴特雷斯的野蠻行為，犯下了不可原諒的罪過。深 20 多英呎的外層石塊、灰泥和石膏被挖走後，我們從此將無緣得知金字塔外殼上的古代雕刻品、碑銘、浮雕和大量其他文物所蘊含的各種豐富資訊。但僅此並非巴特雷斯所犯下的野蠻罪行所造成的最嚴重後果。有足夠的證據告訴我們，太陽金字塔在建造的時候，其建造者便已將珍貴的科學資料保藏在了金字塔最關鍵的地方。相關的證據，學者們已難從保存完整的西面找到了（這正是春、秋分顯現的一面，至今仍清晰可見）。然而，正是因為所謂的古蹟翻修專家巴特雷斯「煥然一新」的翻修，我們再也無法從其他三面獲取任何類似的資訊，事實上，無論就形狀還是規模而言，太陽金字塔都已今非昔比，而我們的後世子孫同樣也永無可能探知，泰奧提華坎這座神祕的古城，曾經試圖向後人傳達的究竟是何種重大訊息。

▌面具神殿的韻律美

　　馬雅人透過類似工廠生產線的超高效率，與分門別類的品管方式，砌建出一座座規格統一，卻又具有華麗風格的完美建築群。此種建築方式不僅在烏斯馬爾出現，更在附近其他小型馬雅城邦，屢屢出現佳作。

　　位於卡巴（Kabah）遺址的面具神殿，就被視為是另一座登峰造極的曠世之作。

　　因為後古典時期的馬雅建築，已經開始化繁為簡，運用單一的結構來彙編牆面的雕紋，羽蛇神殿、面具神殿都是如此，一個一個用單一的石塊拼湊而成的。

　　整座神殿的壁面上，線條錯雜，卻亂中有序地布滿了365個羽蛇神的石雕面具。這些規格一致的羽蛇神頭，造型明顯比奇欽伊薩的羽蛇神頭細緻複雜許多，自然也可視為是專業分工化後的結果。

　　也許就是因為太過繁複的雕鑿設計，今天這些重新出土的羽蛇神頭，幾乎體無完膚，尤其是原本高翹捲曲的長鼻子，如今已經斷裂慘重，盛況不再。

　　馬雅的建築物令人驚嘆，是因為他們的宗教原始而簡單，雖然較同時期各地的先進文明原始許多，卻也著實令人印象深刻，我們這一組僅僅以建築作為題材，意欲深究馬雅人的心理和藝術層面，希望能對這令人存疑的文明有所窺祕、有所了解，而這，也正是我們所期盼的。

神祕的馬雅王陵

　　一片舉行儀式用的廣場長久以來一直隱藏在瓜地馬拉西南方的咖啡樹林冠下。這片廣場在蔓生的植物被清除後顯露出來，而且只是附近更多遺蹟的一小部分。在 6.5 平方公里的範圍內，考古學家已經發現了十幾個類似的廣場與大約 80 座建築物，其中一座保存著一位早期馬雅國王下葬時的各式物品。這位領導人曾經統治這座廢棄已久、如今稱為「塔卡利克阿巴克」的城市。

　　一條碎石路反映出這座城市興盛的原因之一：它的路徑與西元前第 8 世紀至西元 2 世紀間這座城市鼎盛時期所使用的一條貿易路線相同。商人將珍貴的可可與鹽運到遠達現今薩爾瓦多與墨西哥境內的各城市，帶回綠咬鵑羽毛、黃鐵礦、黑曜岩，以及用來做成工具、珠寶與藝術品的玉石。「塔卡利克阿巴克因而變成前哥倫布時代，早期最重要的經濟與文化中心之一。」夏伯爾說。

　　此地的發掘始自 19 世紀晚期，當時的一位植物學家發現有一塊塊雕刻石碑的尖端自地面突出。從那時至今，已有 277 塊石碑在塔卡利克阿巴克被發現，大部分都屬於奧爾梅克文化與其後的馬雅文化。塔卡利克阿巴克（Takalik Abaj）在馬雅文裡的意思是「豎立的石頭」，這個名字最近才從西班牙文形式的 Abaj Takalik 改為現在的形式。這裡有幾塊馬雅石碑上都刻有複雜的碑文，已證實屬於最古老的一些馬雅象形文字。如今這個

地點已經劃入國立考古園區，受到政府保護。

這些石頭豎立的位置本身可能也跟刻文一樣具有意義。石碑精心排列在一座名為「7號結構」的大平臺上，顯示這座平臺可能是個天文觀測臺。夏伯爾與他的同事循著石頭排成的直線搜尋，先是發現了一塊有紋飾的石碑，周圍有 660 個祭祀用的陶罐。「我們愈挖愈深，當聞到馬雅人在儀式中使用的香所產生的碳沉積物時，我們興奮得不得了。」他回憶道。在石碑後方的一座小建築物深處，發掘小組發現了這座尚未遭到盜墓者侵擾的王陵。這位身著華服下葬的國王，可能就是塔卡利克阿巴克的最後一位馬雅統治者。

消失了的神祕馬雅王陵

10 多年來，為了更加了解馬雅文化，數度「進出」中美洲各國，迷霧追蹤、遍尋馬雅遺蹟的日本考古隊，終於在叢林裡找到了失落的古文明 —— 哥邦（音譯）國王陵寢。

《日本經濟新聞》等媒體報導，由神奈川大學日本常民文化研究所研究員中村誠一等人所組成的日本考古隊，在今年 9 月中旬，於距離宏都拉斯西部的馬雅文明哥邦遺蹟保護區不遠的西側地區，一處崩毀的小神殿的地下石室內，赫然發現一具人類的骨骸，以及翡翠胸飾和雕刻線條精美的土器。

報導指出，這些曾被湮沒於歷史洪流裡的馬雅文明古物，出土後依然色澤亮麗，令人有一種時空倒錯的感覺，出土的四

角柱狀翡翠胸飾呈淡青色，長達 24 公分，寬度有 2.7 公分，厚度約逾 2.5 公分，這個翡翠胸飾的表面還刻有一個造型非常漂亮的「戰爭之主（與中文的戰神意思相近）」的人像，顯示翡翠胸飾的主人在當年是一位擁有政治實權的大人物。

這些出土的人類骨骸及馬雅文明古物，經過宏都拉斯政府與歐美考古權威近 2 個月的考證後，在 11 月 3 日推定，中村誠一等人這次所挖掘出土的寶物，是屬於西元 5 世紀前半至 9 世紀前半期間，馬雅文明鼎盛時期的 16 位哥邦王朝國王中，其中一位國王的陪葬品；換言之，也就是說，日本考古隊終於找到了哥邦國王的陵寢。

此外，據了解，雖然馬雅的象形文字所代表的意義，至今還是個難解的謎，但包括日本考古隊在內，迄今已有 3 位哥邦國王的陵寢和貴重的古物相繼被發現出土，因此，在這項利多因素的激勵、促使下，日本考古學界預估，未來還將有更多的日本學者專家，會一頭栽進這個迷人的馬雅文明裡。

不可思議的石棺上的雕像

這是來自一位叫羅莎娜跟蹤考古學者們行動足跡的紀錄。

目標已在眼前，一行人迫不及待地跑下山丘，砍除亂草，開闢小徑，向前接近。越接近越覺得怪異，就像拒絕閒雜人等進入禁地似的，一排雕刻著嚇人頭像的柱子，樹立在叢林中。

中午，到達金字塔附近，越看越覺得不舒服，無數的青白石，以急遽的斜度堆積成金字塔，下方，雕刻著妖怪似的神

像，已經斑駁風化，石縫中爬著蛇，正面，陡立著精巧的階梯。

　　對這不尋常的發現興奮異常，大家爬上了階梯，由魔鬼眼睛似的入口，走了進去。一塊巨大的紅色石板擋住路，花費很多時間拆除。接著，是下降的階梯。盡頭，是一間低矮黑暗的房間，在房間正中央，停放著一具紅色石頭製成的巨大石棺。

　　只是這些，已經使他們非常震驚。因為，依據到目前為止，對馬雅族考古所獲得的知識，馬雅族從來沒有建造過這樣的墳墓。

　　馬雅族留下來的神殿、高塔，都是在上面向神奉獻祭祀用的，從來沒有當作墳墓的。在這裡，竟然放著石棺，這必定是含有特殊意義的建築物。

　　石棺的蓋子上有複雜的浮雕。阿爾貝爾博士的助手羅莎娜，拿著手電筒察看，她突然瞠目結舌，嚇呆了。

　　「博士……」停了一下，她急急地喊著：「你看這個浮雕，這是什麼時候刻的？這不會是馬雅古典時期的雕刻吧？」

　　博士的臉色也發青了。他以手電筒照著仔細地觀察，謹慎地用手撫摩著，臉色凝重。他沉默了很久，終於，以沉重的語氣說：「用手摸著的感覺，雕刻的刀法，浮雕周圍的圖案，毫無疑問是古典時代的作品。至少也有一千五百年，也許，兩千五百年。」

　　「兩千五百年……」羅莎娜驚呼：「這怎麼可能？這怎麼可能？」

　　年輕的學者們立即圍攏來，大家也「啊」的一聲呆住了。

太空火箭的浮雕

他們看到了什麼？石棺上的浮雕到底是什麼？這是絕對不可能的，兩千五百年前絕對不可能雕刻出這樣的畫像。

那是太空火箭與太空飛行員的畫像。噴射著火焰，飛彈形狀的太空火箭中，有一位男性的太空飛行員正在駕駛著，竟然雕刻在兩千五百年前的石棺上。

在這一石棺的邊緣上，雕刻著馬雅古典時期特有的奇怪圖案。火箭與駕駛的太空飛行員，也是用古代馬雅獨特的鑿子與複雜的刀法雕刻的。

蘇聯的葛柯林少校，駕駛著這種太空火箭在太空中飛行，是在發現這一浮雕的 11 年之後。在此之前，有人潛入這一恐怖的叢林中，進入這一墓穴，應用馬雅族的刀法雕刻這一浮雕。

是不是古代的馬雅人，憑著想像雕刻的呢？這一想法也不成立。憑想像雕刻的，絕對不會連細節都這樣正確。如果只是粗枝大葉地雕刻出輪廓，倒還可以作另外的解釋；然而，這卻是絲毫都沒有錯誤的，三節式太空火箭的內部構造圖。

外形，像一枚炸彈或是瓶子。前端突出，在前端後是第一節，刻有儀表類；再後面，是仰臥的飛行員。

他的左手，正在按儀表上的按鈕；右手，握著的好像是駕駛桿。而且，緊靠著他的鼻尖，是細的管子 —— 只有解釋成氧氣管 —— 連接在圓形的氧氣瓶上。

在他的背後，裝有複雜的桶、活塞等；再後方，只能說是

引擎。引擎的後方，有四支排氣管，向外面噴出火焰。

四周，在石棺蓋的邊緣上，雕刻著複雜的圖案，對馬雅雕刻有研究的專家，立即就認得出，這是象徵太陽、月亮、星星的圖案。

石棺中，不出所料，躺著一具骸骨，已經腐朽。用尺丈量。身高有 173 公分，是男性的遺骸。探險隊加以記錄，又小心地蓋好棺蓋，走出了墓穴。

本來，應當對這一墳墓及周圍石碑等，仔細地加以勘察；但他們已為這一驚人的大發現興奮不已，當夜就急忙返回了帕倫凱鎮。

這不可思議的遺物，隱藏了 2,500 年之久；突然，又出現在現代人的面前，要我們來解答這一神祕的謎。

證據確鑿

當然，發現這一遺蹟時我並不在現場，我是依據很多資料寫出這一浮雕。同樣的，我也是站在質疑的立場。我所描寫的，也許會與發現當時的實際狀況有一些出入。

依據手邊的資料，這並不是一次就發現的。阿爾貝爾調查團，經過數年的發掘，才發現了這一遺蹟。石棺停放的場所，有的資料說是在墳墓的最底層，有的說是在中央。浮雕的年代，說法也不一致，有的資料說是 2,000 多年以前；有的說是 1,300 多年以前。

這些出入已無關緊要，重要的是，這一駭人聽聞、根本不可能的遺物，的的確確在那裡。談起謎一般的遺蹟、遺物，我們立即會想到埃及的金字塔、人面獅身像等，然而，這一浮雕不可思議的神祕，使一切的古代遺物都黯然失色。

令人難以置信，發現的這一證物，現在仍然慎重地保存在墓穴中，並且發表了照片與拓本；可是，世界上正統派的學者們，卻一直保持沉默。他們確實知道這一事實，不能斥之為無稽之談，卻又不願發表意見；若談到也是含混其詞。

超出現代的文明

正統派學者們的這種作風，往好裡說，是慎重；往壞裡說，是逃避。他們的心情是可以了解的，如果認真面對這一浮雕，結論必定會導向另外的方向。那麼，目前所確立的人類概念，所確定的人類歷史，勢必全部推翻。

這是非常危險的，在各種意義上來說都是極其危險的。因而，正統派的學者們只好沉默。然而，另外的學者們、科學幻想小說的作家、評論家們，也就是，由學術上來說屬於非正統派的人士們，則在全心全力地想解開這個謎。

那麼，是否已經找到了答案？還沒有。各式各樣的推論、許許多多的假說，各有各的說法。有些推論，大前提就發生了偏差。若干假說，雖然根本上相同，細節上卻有分歧。

不過，儘管如此，在所有的說法中，卻有一點是一致的。

雖然極簡單，即或是沉默的正統派，只要虛心面對這一浮雕，也不得不承認；許多假說，無不異口同聲地說：古代，或者是太古時代，在地球上，已經消滅的我們不知道的文明，曾經光輝燦爛；與現代同樣的，是能夠操縱太空火箭在空中飛行，高度發達的文明。這一浮雕，只能看作是實物的速描，難以另作其他的解釋。

難分真假的四種不同推論

那是否能夠這樣肯定的斷定，這就是太空火箭？所謂太空，正確地說，是指超出地球引力範圍以外的無限空間而言。如果這一火箭實際上確實存在，是否能夠飛到極高的太空？仍然是極大的疑問。

現代的人類文明，才真正是高度發達的文明；由這一常識來判斷，就不能不產生疑問。這種火箭，由現代人來看，等於是玩具；最多，也不過比煙火大了一點而已。

然而，如果是這樣的話，那麼，火箭中的人，為什麼在鼻尖前面裝有吸入氧氣的管子呢？又難以解釋。

浮雕上，刻的是閉著嘴，只用管子呼吸。也就是說，如果不這樣就無法在呼吸空氣稀薄的地方飛行。以那人的狀態來看，必須呼吸氧氣的高度，至少是在五六千公尺的高空中。

當然，這種高度仍然不能說是太空。現在的噴射飛機，通常在五六千公尺到 12,000 ～ 13,000 公尺的高度飛行，乘客就需

要使用氧氣。這一火箭，也許是在這樣的高度飛行。

　　如果是這樣的話，又產生了另外的問題，包括噴射飛機在內，所有的飛機在空中飛行，都必須依靠引擎的推進力與機翼的浮力。在距離地球表面 10 萬公尺左右的高度，仍然有極稀薄的大氣，為衝破大氣的阻力，又要避免因地球引力而墜落，機翼的浮力是絕對必要的。

　　沒有機翼，並不是不能在這一空間飛行，但燃料的消耗極大。在高度 1 到 2 萬公尺飛行的中距離飛彈等，機體中 80% 裝載的是燃料，而且，這樣多的燃料，一下子就全部燒光，沒有機翼，就無法克服地球的引力與大氣的阻力。

　　可是，在這一浮雕上並沒有刻著極大的燃料箱，也沒有像機翼的部分。因而，這一火箭，應當是在沒有地球引力與大氣阻力的超高空飛行才是。

　　這就非常驚人了。要射入這樣高的超高空，必須另外有幾節補助燃料箱，一節節地燃燒，在中途丟掉才行。如果不需要使用這樣多的燃料，必定是使用其他的能源。

　　而且、要擺脫地球引力，需要極高的速度。因而，必須有特殊的引擎、能耐強震而且輕的機身、氣壓裝置、精確的儀表、無數的精密配件，也必須有能夠全部加以製造的高度技術與工廠。

　　即使在現在，火箭、飛彈，也是集各種科學技術的大成，在任何時代皆是。在這一浮雕上雖然只有一具火箭、一位飛行

員，然而背後卻需要幾萬名現代科學技術人員、幾千種科學工業、所結合的高度科學技術才行。

使這一火箭飛行的人，如何獲得這樣高度發達的技術的支持？如果沒有使它飛行；那麼，不了解火箭的詳細構造，又如何能夠雕刻成這樣的浮雕？他們 —— 古代的馬雅人，是他們自己發展成這樣的知識與技術呢？還是誰教給他們的？

以過去曾經有過高度古代文明為出發點的推論或假說，又由此處產生了不同的方向，將其中主要的在此加以介紹，大體上可分為以下幾種說法：

「自行開發說」

這是蘇聯考古學界中的一部分人士，如斯特爾貝博士、吉羅夫博士（都是國家科學協會的會員）等的說法。古代馬雅族全體，或是其中的某一部族，自行建立了這樣的科學技術，其表現之一，就是這一浮雕。

也許是如此，馬雅族與其他古代的一般民族不同，另外，也留下了許多高度知識的遺蹟。譬如，經常被提到的，也是在南墨西哥的神殿中所發現的，圓形石板雕刻的馬雅日曆在太陽形象的四周，列有許多奇怪的文字、記號與圖案。

依據前述神部博士的說明，這一日曆，將一年正確地劃分為 365.2420 日。而且使用點與線組合的數字，做十位、二十位數字的計算，推算出 6,700 萬年前太陽的位置；更驚人的，並且製作了金星上使用的日曆。

如果沒有高度發達的天文學、天體觀測術、高等數字，這是無法做到的。由這一方面來推斷，馬雅族的知識甚至超過了現代人。果真如此的話，當然能夠製造火箭。至少，也能夠運用高度的知識，繪製成火箭的設計圖 —— 持這一說法的人就是如此推斷。

這種推斷如果正確的話，一切都迎刃而解。浮雕本身就是謎底；也就是說，古代的馬雅是非常優秀的民族，他們具有繪製火箭設計圖的才能，但不久就滅亡了，結論是如此。

然而，仍然有疑問。因為，隨著馬雅其他遺蹟的發掘，對他們實際生活的型態已漸漸有了了解。

依據這些遺物，馬雅人確實在石頭上刻出比現代還要高明的日曆；也建造了金字塔；能夠書寫叫做「神聖文字」的奇怪文字。然而，另一面，他們卻是用石頭、木片翻土，種植原始的玉蜀黍，用石臼搗碎來吃。

亦即，在實際生活中只知道使用石頭與木頭，會製造很有限的金屬品，但連鐵做的鋤頭都沒有，不知道利用石油，更不要說在這以上的金屬與原料了。

由這些來看，也許他們只有極少數的知識分子具有高度的學問 —— 也許是神官 —— 只知道一些理論，卻沒有實際應用。他們的學問，在製作精密的日曆，計算十幾位的數字方面非常發達；但卻沒有向促進工業、化學，開發新技術這些方面發展。

　　所以，不要說發射火箭，連繪製設計圖也不可能。只靠高等數學的計算，不會產生氧氣口罩的構想；任何進步的天文知識，也與引擎的構造無法連結在一起；愛因斯坦所寫的公式，與實際製造宇宙飛船並沒有關聯。

　　可是，在馬雅人的墳墓裡，卻確實有火箭的浮雕。於是，又產生了另外一種說法：

「知識傳授說」

　　不同意獨力開發說的很多學者、研究家，提出了這種說法，可以前述的湯馬士、美國的貝爾利滋（先史學家，著有《謎一般的古代文明》）為代表，他們認為，馬雅人的火箭知識，不是自己想出來的，是其他高度文明教給他們的。

　　不僅火箭，馬雅人的高等數學、曆法、天文學等，也全部都是由這一高度文明學來的。本來，馬雅人是除了原始的農業之外什麼也不知道的純樸民族，但另外一群具有與他們不相稱的技術與知識的人，突然到達……

　　這種可能性雖然有些離奇，但並不是不可能。譬如他們製造的圓形日曆，首先需要有圓軌、分度器等這些工具。然而，在馬雅人的遺蹟中卻從來沒有發現過。

　　可見他們從來不知道這些工具，突然在他們面前出現了具有高度文明的人，教他們製作精密的日曆。

　　只可能是這樣，馬雅人的高級學識，是某一天突然出現

的。在此之前，馬雅人沒有製作過初步的曆書，甚至沒有尺，更不知道什麼是望遠鏡。沒有這些基礎知識的累積，怎麼會達到高級天文學、高級數學的巔峰呢？

可是，馬雅人沒有經過這些過程，卻突然知道了「一年有365.2420日」、「金星一年有225日」的結論，製作了日曆。

火箭，當也是如此。在此之前，馬雅人做夢也沒有想到過，世界上有這種能在天空中飛的機器。可是，有一天，突然看到了一架或幾架這種機器 —— 也就是其他的人乘坐著，突然降落在他們面前。

他們當然被嚇呆，認為是天神下降。可是，降落的人並沒有傷害他們。

於是，將各種知識傳授給他們；帶他們走進火箭，告訴他們按這個就飛上天，飛上天就要用這個呼吸等等。

大多數的馬雅人仍然害怕，只有極少數聰明膽大的人才敢靠近，才能了解、接受一部分傳授的知識。奇怪的訪客又離去了。為了紀念，他們製作了日曆，把看到的火箭刻在石頭上，由訪客學到了知識的少數人，被奉為神官，成為有權勢的人。

這種說法，至少比獨力開發說具有說服力。然而，問題並沒有到此為止。這些奇怪的訪客是從那裡來的？他們是什麼人？疑問當然還要發展下去。

「沉沒大陸人來訪說」

這一派人士說，他們是來自已經沉沒的大陸上的人。蘇俄的考古兼科學家高爾包夫斯基、科學小說評論家安德萊耶巴、美國的古代史研究家德里爾等人，都抱有近似的看法。

這些研究家們說，太古時地球上，在大西洋中有叫「亞特蘭提斯」，太平洋（或印度洋）中有叫「萊姆立阿」的大陸，上面住有高度文明的人。

他們不但建造了宏偉的宮殿、墳墓，而且知道使用煤炭、汽油，能夠製造飛機、火箭，與現代人的生活幾乎沒有什麼兩樣。後來，突然發生了巨大的變故，大陸沉沒了。

發生了怎樣的巨變，說法各有不同。有的學者說，與流傳到現在的大洪水相關聯，那時，地殼發生了大變動；或者是地球受到行星或彗星的撞擊；或是冰河時期結束，兩極的冰山突然融化，發生了大海嘯等。

依據高爾包夫斯基的推斷，那次全世界的大洪水，是發生在 12,000 年前。

由於這些原因，大陸沉沒了，住在上面的人，幾乎全部被消滅。但有些地方緩慢地下沉，極少數的人逃到山頂得以倖免。

這些少數的生還者，乘坐他們的船或飛機，逃往未開化大陸上的安全場所；其中的一部分，乘坐火箭逃到了太古時代馬雅人的領土上。

馬雅人認為他們是由天而降的神。他們也為了保存自己的

文明，就把建築、文字、數學、天文學、宇宙的概念、藝術、以及他們乘坐的火箭構造與駕駛技術，傳授給馬雅人。

這是非常吸引人的說法。只要證明確實有沉沒的大陸，火箭的謎底就可以揭開。但是，既然傳授了這麼多的知識，為什麼只留下了天文學與浮雕？因為馬雅族還未開化，記不住太多太難的技術，這種疑問，也不難解釋。

再者，這些大陸人是倉促逃難，除了隨身的衣物之外，可能什麼也沒有帶出來。因而，只能將記在腦海裡的知識傳授，卻沒有辦法教導工業製品，所以沒有留存下來。

問題是，真的有大陸沉沒的大變故嗎？雖然古代希臘的柏拉圖，曾寫下有名的亞特蘭提斯的傳說；西班牙沿岸有反常的淺海；玻里尼西亞的若干民族間，有「沉沒的大島」傳說；但這些都是間接推論的資料，還沒有人在深海底發掘到古代文明的遺蹟。

在沒有確實的證據之前，這一說法仍難以令人相信。何況，即便有沉沒的大陸，當時是否已經有使用火箭飛行的高度技術，也大有問題。

「宇宙人來訪說」

於是，又有這種說法，比大陸沉沒說更加具體。有名的科學小說家瑞士的艾裡希‧馮‧狄尼肯、英國的萊蒙德‧德萊克、義大利的科學評論家彼得‧柯羅西摩等，都主張這種說法。

據他們說，在太古時代，從地球以外不知道什麼星球來了具有高度智慧的生物，他們降落到馬雅人的領土上。馬雅人都嚇得逃開了，只有少數好奇心特別強、膽量特別大的馬雅人，拚死冒險走近去看個究竟，這種生物，就把天文學、數學、以及能夠在天上飛的機器教給了他們。這種生物不可能停留太久，馬雅人也無法全部領會，只把與能力、興趣相合的與印象最深刻的記住了：前者是日曆、高等數學，後者就是刻在石頭上的火箭。

所以，這一浮雕，不是在生物來訪以後立即刻的，當是在很久之後，回憶起看到當時的震驚，昇華成神聖的記憶，才虔誠地刻出來永誌不忘。這種生物，大概是在6、7千年前來的，以後，代代相傳就成了傳說，因而把它以浮雕列成紀念碑，供奉在最神聖的墳墓裡。

實際上，浮雕明顯的是火箭的內部；但，卻是用馬雅古典期的雕刻方式表現的，並非是實物機械式的素描。

這可以解釋，為什麼浮雕是半真實半象徵的形態。在象徵的雕刻方式下，潛藏著真實，是由於長時間的流傳。眼前所看到的火箭的記憶，隨著時間的增加，漸漸將印象深的部分強調。由機械的寫實，變成了石棺上的裝飾。

據說，馬雅族本來是亞洲人。他們的祖先，在1萬幾千年以前，被巨獸逼迫，經過當時連在一起的阿留申群島，到達了美洲。由西伯利亞、北美洲、中美洲發掘的人骨，都有現在印

第安人的特徵，由這一點，就可以推斷。

也許是在這一漫長的流浪旅程中，他們遇見了火箭，但在不安定的流浪狩獵生活中，不是表現的時機；當在墨西哥定居之後，生活安定下來，他們就想建立民族的紀念碑，想起曾經會見過由天而降的神，教導給他們智慧，就自認為是神的選民，因而雕刻出來，一方面誇耀，一方面表示崇敬。

由於這些浮雕、神聖的文字、日曆、巨大的墳墓，突然，有一天，就在叢林中產生了神祕不可解的文明；實際上，應當是傳授了很多。但是，由於那時候還在顛沛流浪，在歲月流轉中大部分忘記了，以致傳留下來的只有這些知識。這一派的人士，是這樣推斷。

疑雲重重

當然，以上的說法仍然有很多疑問。這種高等生物是由哪裡飛來的？主張這一說法的人士就無法回答，只能說宇宙中有無數的星體，其中，總有幾個會有高等生物生存；用這樣的說法來搪塞。

確實有這種可能性。在無窮盡的太空中，也許有一些星球上住有高度文明的高等生物；但這卻不能直接和火箭牽扯在一起。如果是高等生物乘坐火箭飛來地球，為什麼浮雕上所刻的飛行員，明明是人，這又當如何解釋？還有，躺在刻有浮雕的石棺裡的骸骨，又與火箭有什麼關係？

謎，越來越深，真實卻只有一個；然而，卻疑問重重。不

過，盡量疑問重重，這一宇宙人來訪說也不能說不是追求真實的方向之一。

不論怎樣，浮雕所留下的是不可動搖的事實。而且，馬雅人自己製造火箭的可能性，不能等於零；沉沒大陸說，成立的可能性也有其徵兆；除非另有新的發現，由那一個星球上飛來過什麼生物，也不是沒有可能。

據貝爾利茲說，在馬雅人之間，有很久很久以前，從太陽那邊飛來了「發著白光的神」，在帕倫凱建都的奇妙傳說。關於這個傳說，在馬雅的古籍中曾有詳細的記載，可惜被 16 世紀侵入的西班牙人燒掉了。

另外，在中南美也有很多神從天（或海上）而降建立了國家的傳說。墨西哥南方的印第安人之間，也有從前有女神乘坐發光的船由天上來，生了孩子，並且把知識傳授給人的神話。

神話、傳說，當然不是事實。然而卻是反映事實的假定。這些古老的傳說，也許可以加強宇宙人來訪的說法。

所以，還要對這個謎繼續加以追究。以上各種說法，都還要有更有力的證據，或者，另外有更大的發現。我們只能盡量縮小接近事實的範圍，來加以分析。

因而，必須再蒐集更多的資料。浮雕的存在已是毫無疑問的事實。但只局限在這一點上，就嫌資料太少，也許會抹殺了事實。那麼，還有沒有其他資料呢？是否只有馬雅人留下了這樣謎一般的文明呢？

難了解的馬雅碑文

　　當多彩多姿的馬雅文化一一呈現學者們面前時，他們都不禁為之茫然。本世紀初開始，學者們深入猶他敦半島的強格洛進行調查，相繼地發現了馬雅遺蹟，但令他們感到苦惱的卻是馬雅奇怪的文字。古代馬雅人的性格似乎很規律，建築物中必有神殿、國王以及寫有建造年代和施行王（國王）名字的碑文，這些奇怪的碑文是在強格洛附近找到的。可惜並沒有找到解讀的方法。因為根據狄埃可·蘭達所著之《歷史上最愚蠢的暴行》得知，西班牙教士來到馬雅首都馬尼時，將神殿內巨大圖書館所保存的貴重古文書全燒毀。

　　是個不屬於基督教的邪教，以信奉太陽、月亮和美洲豹為神的一種宗教。狂熱的傳教士將珍貴的古文書全化成灰。因此對於謎樣的馬雅文化必須另找資料。就像尋找埃及的象形文字那樣地努力。因為馬雅文化並沒有其他可相比較的文字，所以蘭達更是特別地惋惜那些燒毀的古文書。

　　但是奇蹟似的，竟然還有些古文書並未被燒毀，而被保存在德勒斯登、馬德里和巴黎的圖書館中。這些書大概寫於13至15世紀，但每一本都不完全。假若能解讀這些馬雅文字的古文書，便能了解碑文的意思。

　　雖然許多語言學者都被這些古文明吸引來了，但沒有一人能懂這些古書。無法斷定馬雅文字到底是表意文字，表音文字或是音節文字。研究碑文50年的德籍博士彼·錫拉斯絕望地說：「要想了解馬雅碑文，是不可能的事。」

▍瓜地馬拉大發現

瓜地馬拉和美國的考古學家最近在瓜地馬拉北部發現 2 個重要的馬雅文物，一塊古時馬雅人玩球的記分牌，一塊坎古恩宮殿的有美麗形象和象形文字的鑲板。這是瓜地馬拉官方提供的消息。

坎古恩是被發現的最大的馬雅宮殿之一，由塔赫·昌·安克國王建於西元 765 至 790 年，位於瓜地馬拉北部佩滕省拉帕西翁河畔，距首都瓜地馬拉城 200 公里。在西元前 500 年至西元 850 年，這座城市的策略位置使它成為中美洲南部的高地與日繁榮的馬雅文明爭奪控制的中心。

這次發掘工作是由美國萬德比特大學和瓜地馬拉文化部的考古學家們進行的，由美國國家地理學會提供贊助，是在美國阿爾蘇·德馬雷斯特大學教授的指導下進行的。這次發現的文物對原本預測馬雅文明停滯 30 年提供了寶貴的情況。

這次發現的玩球用的記分牌是一個重 250 公斤的聖壇。瓜地馬拉文化部長薩拉薩爾和美國駐瓜地馬拉大使漢米爾頓在最後挖掘階段進行合作，4 月 16 日他們訪問那裡時曾象徵性地幫助挖土。另外兩塊相似的聖壇在農村被發現，一塊是 1905 年出土的，陳列在瓜地馬拉城考古博物館。第二塊被搶劫者掠走，但去年 10 月警察在一次行動中將其收回。3 座聖壇刻畫了國王塔赫與來訪的統治者玩球的細節。最近發現的這塊聖壇已被送到首都的考古博物館進行清洗和最後恢復。

　　薩拉薩爾部長宣布發現一塊四方的石頭鑲板，重 100 磅，在玩球的場地同一地點發現的，上面有美麗的形象和象形文字，再現馬雅國王的儀式。解釋瓜地馬拉馬雅象形文字的專家法森認為，這次發現是表現馬雅藝術偉大的工程之一。國王的形象和歷史的銘文刻得很深，而且浮雕刻得很細，被神奇地保護下來。表現國王塔赫正在國土上的第二個首都馬恰吉拉城的廣場上舉行一個儀式，它在坎古恩北部 40 公里處。國王坐在一個王位之上，他是土地的象徵，有一個下屬的國王和另一個官員。表明塔赫國王在拉帕西翁河谷進行統治的時期。

　　德馬雷斯特說，在馬雅世界其他大城市走向衰退落的時候，塔赫國王透過聯盟、國王的聯姻和一項狡滑的政策擴大他的王國。在這個特別的球場，玩球和文物描寫坎古恩的主人和下屬國王及貴族結成聯盟的圖像。馬雅人玩球經常是一種政治的和宗教的活動，不止是自然意義上的一種運動。它像足球運動，但是球員可以用髖部、膝蓋和肘擊球。坎古恩的國王利用他的球場和王宮使他的權力合法化，為他的政策提供便利。

保存完好的馬雅人宮殿

　　根據現有的資料表明，這座古老的馬雅人宮殿擁有 170 間房屋、11 個庭院和 1,300 年的悠久歷史。它的建造者定然是修築園林的能工巧匠，並具備了各種開挖工具。

　　在瓜地馬拉一片植被漫生的熱帶雨林中，考古學家發現了

一座與國王身分完全相稱的宮殿，這是迄今所見的保存得最為完好的馬雅人建築物之一。範德比爾特大學的考古學家阿瑟‧德馬雷斯特帶領考察隊和瓜地馬拉當地人托馬斯‧巴裡恩特斯實施這項考察任務。他說：「從 20 世紀之初迄今，沒有任何古建築物的發現能與此相提並論。」

該宮殿坐落在名叫「蛇地（Can-cuen）」的古城中心，占地 2.5 萬多平方公尺，建成於西元 8 世紀。德馬雷斯特說，這個被埋藏在地下的馬雅人宮殿是灰岩磚石結構建築，至今還算得上完整無損。

由於缺乏通常象徵重要遺址的神殿、錐形塔和陵墓，這個宮殿在漫長的歲月中一直隱藏得很嚴實。當時的王宮主人用石頭鋪築周圍地面，阻止了現代農民在這一帶開荒種地的企圖。

這個城市保持了很長時期的繁榮昌盛，沒有受到大規模戰爭的侵擾，而它滅亡的確切時間和原因卻一直沒有定論。或許，預計需 10 年完成的馬雅人宮殿發掘工作能為我們找到答案。

▌多色的彩文土器

土器納茲卡出土 100 至 700 年描繪穿戴華麗的戰士痛擊裸體或一副窮酸相敵人情景的土器。多色的彩文土器在這個時期的納茲卡正式完成。

約西元前 1000 西元前至 200 年君圖‧瓦西得以名揚國際，

全拜散布於最上層平臺上的石雕所賜。除恰賓‧德汪達爾外，再也找不到有這種石製遺蹟。而且因為石雕上的主題是有牙齒的貓科動物或兀鷹臉部。半人半獸像等，所以應該是恰賓文化的北部中心地。

經過復原的太陽曆石太陽神波納提烏四周是表示過去 4 個太陽的曆法符號。外側是表示一個月 20 天的圖畫文字，最外側則是火神休可阿特爾的象徵。

科亞特莉克兒這尊以神和骷髏作為裝飾的大地女神，乃是生與死的物力論的表徵。

希佩托提克（狄奧提瓦康出土）象徵發芽的神，自古深受崇信。獻祭此神的供品必須是剝掉皮的活人。

馬雅古城

馬雅古城文明

湮沒在森林裡的奇蹟

最初的探險家，在中美洲密林漫遊，驀然瞥見這些供巨神天將使用的建築，不禁驚訝異常，完全不知誰創造的。在長達 3 個世紀的時間裡，在森林中不斷發現新的廢墟。但馬雅之謎反而更加撲朔迷離。19 世紀，人們開始認真研究：攝影、翻模、發掘……

經過幾個世紀的探索，雕刻在石碑、石柱、石壁上的符

號,始終神祕莫測。在這些詭異圖形的叢林裡,想研究出訊息始終徒勞無功。然而,在學者楔而不捨的鑽研下,曙光照向林中深處,人們逐漸認出一些符號:一開始,那只是關於日期、曆法週期的圖譜。近 20 幾年來,研究者以真正的馬雅語法為基礎,設計出破譯的方法長期無人識被的馬雅之謎,終於露出了解答的線索。

萊頓石牌實際上是塊響牌,國王服飾上的佩件。設計上很像一塊馬雅石雕,兼刻人像和象形文字。對今天的馬雅學者而言,無論人像或象形文字,都已不難索解。晶瑩透明的翠玉萊頓石牌,是國王的面具腰帶上垂掛的響牌之一。正面磨得非常光滑,鐫刻某位馬雅國王登基時的肖像。國王身穿象徵權威的服飾,手持兩頭蛇節杖。

馬雅古都阿瓜泰卡

最近,我們這支國際考古隊在溼氣及蚊蟲包圍下,發現一處築有防禦工事的菁英階層居住區,此處約在西元 800 年棄置。幾乎每棟建築都遭祝融肆虐,可能是被縱火。這裡是阿瓜泰卡的心臟;阿瓜泰卡位於今天瓜地馬拉的雨林,是一個住有數千馬雅人的政治中心。

約自西元 700 年起,一個強大的馬雅王朝將阿瓜泰卡及道斯皮拉斯定為王朝雙都。在爭奪地區控制權的戰事升高後,該王朝即固守阿瓜泰卡,可能是因為該城位於崖頂,地點具有屏

障之便。

　　然而敵人還是來犯了。王室收拾細軟後逃離宮殿。忠心的朝臣留守防禦，但最後還是丟下一切逃之夭夭，或者遭到俘虜，而他們的財產也大多都遺留在原地。

　　你知道嗎？

　　今日當我們看見一座直立的石雕紀念碑上面是戰士的形象時，我們通常看的都是紀念陣亡士兵的石碑。

　　在古馬雅的世界不是如此。那裡獨自聳立的巨型雕刻石柱，有些高度超過 26 英呎，是由技巧高超的工匠在當地君王的命令下，紀念自己滅敵的功勳而製作的。

　　統治者的肖像透過象徵傳達他的權力地位，最顯著的就是他的頭飾和他手中的令牌或武器。強調他善戰的盔甲，常會有一條可能吊掛著人頭骨或縮小人頭的腰帶，那是他上一次勝利的戰利品。石柱上雕滿了馬雅的象形文字，詳細記錄了他的出生、家世、登基和近來消滅對手的功勳。隨著統治期間長短，君王可能在統治期間於好幾處地點豎立多座石碑，確保自己是當代的傳奇人物。

令當代人感到驚訝和敬畏的不朽紀念物

　　在叢林的心臟地帶，坐落著被繁茂的植被環繞著的馬雅文明的主要遺蹟，這裡自西元前 6 世紀到西元 10 世紀一直就有人居住。它舉行儀式的中心包括了華麗而莊嚴的廟宇和宮殿，並

逐漸傾出一個公共廣場。它保留下來的民居分散於周圍的鄉村
之內。

提卡爾始於西元 4 世紀，是一塊隱在叢林中的宏大的馬雅
遺蹟。

提卡爾位於中美洲猶加敦藍島的一個地區。該地區於 1517
年被一個名為弗郎西斯·科達巴的西班牙人發現，並在往後 30
年中，逐漸被西班牙征服。

西班牙征服者認為自己執行著神明的旨意。因為教皇曾經
在地圖上劃過一條分界線，宣稱：西班牙國王卡斯蒂爾有權擁
有該分界線以西的所有土地。為回報羅馬教皇的恩賜，國王必
須把當地的土著人轉變成基督教徒。教皇是上帝派到地球上的
最高使節。如果教皇宣布猶加敦半島的居民是卡斯蒂爾國王的
臣民，那麼當地人的任何抵抗都將被視為暴亂或反叛。

1526 年，一個名叫弗郎西斯哥·蒙蒂喬的西班牙人被授命
率一支探險隊前往猶加敦。探險隊的使命和行動範圍以正式文
件形式作了規定。這個被叫為《行動目的備忘錄》的文件稱：
國王卡斯蒂爾的目的，是透過理解和友好途徑，來取得新領地
人民對國王的效忠和對基督教的信仰。這個意圖將由一個翻譯
向當地土著人解釋，如果他們拒絕服從，那後果將是嚴重的：
西班牙將對他們宣戰，那裡的人民將成為國王陛下的奴隸，並
置於基督教會的嚴厲管束之下。接著是一場長達數年的游擊戰
爭。在征服者將他們的統治強加於猶加敦半島以後很長一段時

間內，抵抗從未中斷過。

　　古代馬雅人是當代馬雅印第安人的祖先。他們屬一支居住在中美洲廣大丘陵和低地的古代文明。宗教儀式在馬雅文化中占著主導地位，通常由教士兼首領主持。巴雅日曆是一個很複雜的系統，它以 52 年為一個輪迴，與歐洲日記曆法迥然不同。

　　據碳素年代測定法，馬雅文明的鼎盛時期約在西元 4 世紀至 6 世紀。處於馬雅領土北部低地的提卡爾可能是馬雅文明頂峰期最大的集居地。

　　在提卡爾的中央有一個巨大的廣場。廣場的東西兩側建有金字塔廟，北面是古希臘式的衛城。離這些建築再遠些是一片占地約為 16 平方公里的房屋，大約可居住 1 萬至 4.5 萬人。有跡象表明，曾有居民連續 11 個世紀住在那些古希臘式的衛城裡。那 16 座仍然存在的廟宇矗立在埋葬著無數早期建築遺蹟的地方。這些早期建築物包括一些精緻的彩色墓穴。廣場中央的禮典區域約占地 2.5 平方公里。

　　這裡的建築物與遠處一些廣場和相關的房屋由高於路面的通道互相連接。那裡許多所謂的「宮殿」，只是一些抹有建築泥灰並經過裝飾的平房建築群。像其他任何馬雅房屋一樣，它們建在高於地央的平臺上。位於中央，並居高臨下的位置，增加這些宗教建築物特有的，令人敬畏的感覺；同時也有很實際的用途：可使大量參加宗教活動的人們一覽無遺地看見正在高平臺上舉行的宗教儀式。

　　但是提卡爾的許多普通房屋也是建在泥土堆砌的平臺上。這可能是為了防範在雨季發生的洪水。

　　從石雕和山欖木精細的雕刻中，我們可以粗略地了解古巴雅統治者的一些情況和他們舉行的宗教儀式。一些宮殿的橫梁以及金字塔廟的走廊橫木都使用這種精細雕刻的木材。在提卡爾，有 6 座很陡峭的金字塔，長長的電梯引向位於頂部的墓室。這些墓室都戴有頗為壯大的「頂冠」，其中最大的一個金字塔 —— 簡稱為金字塔 4 號，高達 70 公尺。這些金字塔用作達官貴人的墓地，通常還有許多華麗的陪葬品和供他們在進入另一世界旅途中享用的食品。

　　宮殿和廟宇前的石碑上往往刻有最時尚的圖案：一個將敵人踩在腳下的勇士或國王。用「城市」這詞來描繪提卡爾可能不那麼確切。事實上，它是一個很重要的，舉行宗教儀式的中心。許多人選擇這個宗教中心的外圍作為他們的居住地，儘管絕大多數馬雅人根本不住在巨宅豪府，但他們卻花費了大量的精力修建墓穴和廟宇。為了供奉諸神和達官的顯赫，為了悼念亡者，他們建造了令我們當代人仍感到驚訝和敬畏的不朽紀念物。

▌貝里斯國家的馬雅遺址

阿頓哈古蹟（AltunHa 石頭之水）

考古學家們在這裡發現了一個玉石製作而成的頭顱，這是在整個馬雅區內所發現的最大璧玉製品，它代表太陽神 —— 基尼奇阿郝（Kinich Ahau）。

它也是貝里斯國家的象徵，你可以發現在貝里斯鈔票的角落都有其出現。在古典時期（西元 250 至 900 年），阿頓哈是馬雅人舉行祭典儀式主要的中心，以及與加勒比海岸其他馬雅城市活絡連結的交易中心城市。位於貝里斯市以北 31 英哩。

拉馬奈古蹟（Lamanai 潛伏的鱷魚）

拉馬奈古蹟位於新河礁湖（New River Lagoon），是貝里斯最大祭典儀式中心之一，它顯示了古代馬雅人在藝術與建築上更多的外來特色。

拉馬奈維持了相當長的一段時間，從西元前 1500 年到 19 世紀，包含了與西班牙人接觸時期。2 座基督教會與 1 個糖場代表了這段歷史的足跡。

拉彌帕古蹟（La Milpa）是貝里斯第 3 大的馬雅古蹟。是建造在一個很高的石灰岩背脊上的祭祀點，結構體超過了 24 個庭院和 85 個建築體，在馬雅古蹟當中是屬於最高級的：其中的一個大殿堂（The Great Plaza）是目前發現的馬雅世界中，空間最大的。在大殿堂旁還有其他許多的建築物，如金字塔與樓

房等，它們漸漸地延伸到周圍的叢林中，位於貝里斯西北部的裡歐布萊佛保護區（Rio Bravo）內。

貴久古蹟（Cuello）

貴久古蹟位於私人的土地上，拜訪這一古代的遺址是需要許可的，是橘道鎮（Orange Walk Town）西南大約 4 英哩一個很小的祭祀中心。

雖然此地為遊客開發的程度不佳，但是貴久古蹟卻在馬雅世界中頗富盛名。

在 1973 年劍橋大學探險此地之前，大部份的專家依據所有馬雅屯墾區資料，相信馬雅文明約是西元前 1500 年左右起源的；但是運用最新科技的放射性碳來檢驗此地古代的玉蜀黍碎片與木製物品，年代卻可以追溯到西元前 2600 年，甚至更早，因此「文明的開始日期」幾乎往前又推了 1,000 年之久。

塞羅思古蹟（Cerros）

塞羅思古蹟位柯羅札鎮（Corozal Town）在距離不遠的哈圖摩灣區（Bay of Chetumal）半島上，本古蹟是古典時代晚期海岸一個重要的交易集中地。

塞羅思的馬雅藝術和建築，在判別當時古典時期藝術表達的形式風格上，有決定性的價值。最高的寺廟自殿堂地面起算高達 21 公尺。可自柯鎮乘坐小船抵達。

聖塔利達古蹟（Santa Rita）

現在摩登的柯鎮就是建造在此一古馬雅古蹟上，本地在後古典時代晚期（late Post-Classic Period）是非常重要的城市，其發展直到 16 世紀西班牙接觸時期。在聖塔利達古蹟區核心最大的建築，曾被挖掘和補強鞏固，公開於世人眼前。考古學家的挖掘已經顯示聖塔利達是古代帕圖摩的一個省份，在後古典時代晚期，這裡文明是最繁榮的。

佞歷龐尼特古蹟（Nim Li Punit 大帽子）

在挖掘之初就知道是一個祭典所在地，它是一處古典時代晚期重要的據點，它和附近的洛霸安頓城有相當特別的關係，發現了超過 25 個石柱，其中有至少 8 支有雕紋，其中一支是貝里斯境內最高的。

佞歷位於南方公路上，大約是距離龐達荷它鎮北邊 25 英哩處，從公路步行約 15 分鐘可到達。

洛霸安頓古蹟（Lubaantum 落下石頭的地方）

建於古典時代晚期的儀式中心，其以獨特建築樣式著名於貝里斯的南方區域，大金字塔和梯形平臺，是由沒有灰泥黏著的雕石契合在一起所構成。

金字塔頂端的建築採用了易腐壞的材料而非石料製作，因此無法保存。古蹟位於龐達荷它鎮（Punta Gorda）的西北方，公路無法到達，必須由公路步行 20 分鐘才能到達。

卡拉酷古蹟（Caracol 蝸牛）

卡拉酷古蹟在 1938 年被發現，1950 年代開始被探索，同樣是一個馬雅的祭祀中心。卡拉酷是經過了 1985 年的努力挖掘後，才被世人所廣泛的認知其重要性。

1986 年，一個精心雕切的圓形祭壇石頭被挖掘出來，這一石器出土證實了卡拉酷比迪卡古蹟（Tikal）更大，並一度被認為是馬雅世界中最大的都會。這個發現填補了馬雅歷史的一段重要但不明的空間，並將卡拉酷定位成了「最高上」的馬雅城市，因為卡那雅（Canaa）是貝里斯最大的金字塔，高 140 英呎，目前在貝里斯仍是人為最高的建築物。卡拉酷位於聖伊格那休鎮（SanIgnacio）之南方，有公路抵達。

蘇南圖尼奇古蹟（Xunantunich 石頭女）

蘇南圖尼奇古蹟是主要的祭祀中心，位於一個天然的石灰岩背脊上，位置高可以看到卡右區（Cayo）的全景。最大的愛爾卡斯提舟金字塔（elcastillo）的東面有灰泥的橫飾紋，金字塔目前仍有部份在挖掘和探究中。

被發現的 3 支雕刻石柱在聖殿中展示著。從蘇南圖尼奇古蹟越過河流就到了聖荷西蘇卡茲鎮（Village of San Jose Succotz），接近西方邊界（瓜貝）。

卡哈帕奇古蹟（Cahal Pech 跳蚤之地）

　　卡哈帕奇古蹟是一個位於卡右區的中型馬雅城市，在馬考河（Macal River）岸邊，此地提供給遊客非常好的視野以觀看聖伊格那休鎮（SanIgnacio）和貝里斯河流域的山谷。由於城鎮和叢林如此的接近，因此遊客來此十分方便。

　　愛爾皮拉古蹟（El Pilar）聖伊格那休鎮的西北邊，在此廣大的區域有許多狹窄的路徑連結到各古蹟，相信此地曾是馬雅周邊城市中最大的農業中心和市場

烤壺古蹟（Baking Pot）

　　烤壺古蹟是一個小的古蹟地，位在接近喬治村（George Ville）的貝里斯河南岸，這是最近才考據挖掘出來地，從西方公路你能看見這處被植物所覆蓋著的這片丘陵地。

璋奇奇古蹟（Chan Chich）

　　璋奇奇古蹟位於加侖壺大區（Gallon Jugparcel）裡歐布萊佛保護區（Rio Bravo）的南方，有 13 萬英畝的熱帶雨林區，這裡是一個私人的保留區。

　　在此有密集栽種的農作物，而一個畜牧計畫也在進行中，那是使用來自英國血統種牛新的胚胎技術移植，以改善本地的牛隻品種。但是最令觀光客好奇的是名為「璋奇奇小屋（Chan Chich Lodge）」的重新整修，一家位於馬雅古蹟的旅館。由於

是私人的保留區所以禁止狩獵，在中美洲璋奇奇保留區有某些
野生熱帶雨林植物類種最豐富的集中地。

切陳華洞（Chechem Ha Cave）

切陳華洞的所有人安東尼奧多年前在追趕一些迷途的牛
隻，經過這裡的雨林區時，被洞穴阻絕。當他進入洞穴後，卻
發現了充滿了古代馬雅的壺和一大片的地下墓窖。從首都來的
考古學家取了一些重要的碎片研究，但最後決定要讓古蹟的其
他部分原封不動。

帕克比頓古蹟（Pacbitum 地球上的石群）

聖安東尼奧鎮（San Antonio）的東邊 2 英哩處，在私人的
土地上，是先古典時期最老的馬雅古蹟中之一。

當地農民知道帕克比頓的存在已經有好幾代了，但直到
1971 年考古隊才來此處探索研究。他們發現 24 座金字塔、8 支
石柱、一些呈上升狀的灌溉用渠道，和馬雅人的樂器。

五月花古蹟區（May Flower）

五月花古蹟區所在的史坦溪區（Stan Creek）其實是都只
有一些小型的馬雅遺址，包括寶馬納古蹟區（Pomona Site）和
沿著西提河（Sitte River）附近的馬雅小山丘等，第三處即是沿
著絲草溪（Silk Grass Creek）的五月花遺址區了；此處包含了
緬佐楠（Maintzunun）和陶蔚仔（T'au Witz）這二個遺址由於

太小，甚至並不能被稱為祭祀中心（如果曾經用作祭祀儀式舉行的話）。

但是此處自 1975 年測量後並無做很多的探挖研究，所以大部分的五月花遺址區應該仍被濃密叢林覆蓋著。緬佐楠（Maintzunun，小蜂鳥 —— Small Hummingbird）雖然被稱為祭祀中心太小，但是被稱為居民村落其社區架構又太大，此處原先必定有充足的人力來興建使用大量砂土和石柱的一連串平臺，後來才逐漸被一些茅草覆蓋，在此也發現雕工精緻的船隻。

陶蔚仔（T'auWitz 山神居住的地方）

是一處非常小的遺址，發現了一些陶器，石柱碎片在泥土下，由於資料少，很難判定此處曾經為何用途及定位。

馬可剛佐雷茲古蹟（Marco Gonzalez）

馬可剛佐雷茲古蹟也許是龍涎島（Ambergris Cay）上最大的馬雅古蹟了，大約位於聖貝多羅鎮南方 2 英哩，一個面積約 355×155 公尺的區域，包括一個中央聖殿和數個小庭院群體，共有 53 個建築物。考古學家相信這個地點存於古典時代的早期，經濟上是仰賴加勒比海巨大海洋資源的利用。此社區的繁榮一直延續到古典時代的晚期。然而，在古典時代後期當龍涎島上其他的馬雅城市被拋棄後，馬可剛佐雷茲卻大規模地擴充，幾乎每一個建築物都是這個時候建構的。

普溪郝古蹟（Pusilha）

普溪郝古蹟在土列多區（Toledo District）的摩虎河（Moho River）邊，僅距離瓜地馬拉邊界約 1 英哩，建造在河流旁一個小山丘的頂端之上，可乘船抵達。殿堂包含大約 24 支雕刻的石柱（stele —— 複數 stelae）。

土列多區有最令人印象深刻的藍溪岩洞（Blue Creek Cave），而馬雅古蹟位於藍溪支線的虎凱伯哈岩洞（Hokeb Ha Cave），雕刻的圖案從山丘頂一直到巨大的洞穴入口，藍溪地下流水不時發出咕嚕咕嚕聲，十分特殊。離開這岩洞後，可看到在周圍的雨林樹影下，有潺潺流水越過石灰石造成許多小瀑布，考古學家發覺了很多古典時代晚期的瓷器與一個祭壇，這些證據引導專家們做了一個推論，即此洞穴是為祭祀儀式的目的而特別建造地。

烏克斯斑卡古蹟（Uxbenka 老地方）

當地馬雅人社區多年前便已知道烏克斯斑卡古蹟，但直到 1984 年有劫盜案件發生傳到貝爾墨邦後，外界才知曉。經過進一步調查，官方才知道這裡是一處古蹟。

古典時代早期中 7 個雕刻的石柱之一，被發現是記錄上貝里斯南方歷史最老的石柱，但這雕刻的石柱被侵蝕地十分嚴重。另外 13 支未雕刻的石柱則是一些尚未挖掘完成金字塔與一個小聖殿的部分。不大的聖殿位於背脊，可以俯瞰馬雅山的山

麓與山谷，旁邊的山側表面有切割成梯形平臺的石頭，這種藝術尚未在土列多區之外的地區被發現。

諾毛古蹟（Nohmul 大丘陵）

諾毛古蹟一個主要的祭祀中心，位於橘道鎮北方大約 7 英哩的聖帕布羅村（SanPablovillage），此古蹟散布在私人甘蔗中。

古蹟位於石灰岩背脊上，本地是由附近有一個巨大的城堡所支配著，古蹟的上方曾蓋有金字塔—— 包括合併了 10 個聖殿的 2 個建築群，彼此之間是由階梯（sac be）或經由隆起的通道連接。

諾毛存在於前古典時代（Pre-Classic era—— 西元前 350 年至西元 250 年），古典時代晚期（LateClassicalperiod—— 西元 600 年至 900 年）。

在這一高度上，諾毛馬雅社區是政府的所在地，約有 8 平方英哩大，包括現在的聖伊鐵本鎮（Sanest ban）與聖路易斯鎮（SanLuis）。

▌世界文化保護區

中美洲有著得天獨厚的自然景觀，以及濃厚的文化背景，光是瓜地馬拉、宏都拉斯、薩爾瓦多、哥斯大黎加等四國，就有八個景點被聯合國教科文組織列為世界文化遺產。這八個景

點有的是自然生態保護區，有的是古文明遺址。其中瓜地馬拉境內有：

安提瓜市：瓜地馬拉的舊都，建於海拔 1,500 公尺高地上。自 16 世紀便是整個中美洲殖民地的首都，西班牙總督府亦設置於此。1773 年經大地震蹂躪，全市幾乎毀滅，這才遷都至瓜地馬拉市。目前安提瓜市仍可見西班牙風格的遺蹟，許多如大教堂、市政廣場、修道院等代表性建築物仍保存完好，但往日繁榮的景像已不復見。

提卡國家公園（Tikal National Park）：馬雅文明存在的期間介於西元前 10 世紀至西元 6 世紀，長達 1,600 年的文明，就坐落於今日提卡市市郊。古蹟傾坍，年久失修，不過當年遺留下來的大小宮殿、金字塔造型的寺廟、公共廣場等建築，及散落鄉野間的居民遺址仍依稀可見。瓜地馬拉就生態學來說，正好位於南北美的橋梁位置，由於地理的特徵及氣候上的優勢而造就了世上罕見密度極高且多樣性之生態系，可區分為 14 種生態系，其中有幾個尚屬未開發。該國為了保護這些文化遺產，設立了 44 個保護區，其中包含 7 個國家公園，以及提卡一級考古學遺蹟。提卡是目前世界上唯一被聯合國教科文組織同時指定為世界自然遺蹟及世界文化遺產之保護區。

也有瓜地馬拉兒童向認養人介紹他們的國旗：國旗兩側的藍色是中美洲聯邦同盟國共通的顏色，也表示太平洋及加勒比海；中央是國徽，國徽中的鳥是國鳥「格查爾鳥」（Quetzal），

周圍的月桂樹代表勝利和光榮，交叉的二支槍和刀代表正義和
國防，中央的文件上用西班牙文寫著「1821 年 9 月 15 日，自
由」，那是瓜國脫離西班牙統治、宣告獨立的重要日子！格查爾
鳥學名叫做鳳尾綠咬鵑，有著美麗的長羽毛，備受國家保護。
瓜國在巴魯火山國家公園（Volcan Baru）區域內（巴魯火山是
中美洲最高的火山之一）實施嚴格的環境保護措施，數十年前
即立法禁獵，廣為種植某幾種特定樹木，以供格查爾鳥棲息。
甚至連瓜國的幣制也以國鳥為名，就稱為 Quetzal。

第五章
馬雅人及宗教

美洲最早的主人

雖說「哥倫布發現新大陸」已經成了歷史常識，但是嚴格地說，最先發現新大陸的並不是歐洲人，而是亞洲人。美洲大陸最初沒有人類居住，印第安人的祖先是從亞洲遷移過來的。因此，印第安人的膚色、臉型都有點和我們亞洲人相像。他們大約在 45 萬年前從亞洲北方進入美洲，然後逐步向南遷移，終於布滿整個美洲大陸。在長期的發展中，印第安人在各地形成了許多部落和集團，各有自己的文化和語言。其中一些比較發達的民族，像馬雅人、阿茲特克人和印加人，已經進入了階級社會。

當歐洲人來到美洲大陸的時候，印第安人已經建立了富庶繁榮的城市。例如，西班牙人進入墨西哥以後，見到了當地阿茲特克人的首都特諾奇第特蘭（現在的墨西哥城）。這個湖上都市有寬闊的廣場、高大的神廟、美麗的宮殿和熱鬧的市場。白石砌成的建築和彩色繽紛的熱帶花草相映成趣，景色十分迷人。西班牙人不得不承認，即使是歐洲著名的威尼斯、塞維利亞等城市，也比不上它的美麗，要知道，當時的特諾奇第特蘭有 2、30 萬人口，而倫敦才只有幾萬人。

馬雅人生活在墨西哥南部和中美洲一帶。他們心靈手巧，掌握了各種生產技能。靠海的捕魚，內陸的種玉米，都能取得豐富的收穫。他們從西元前 1 世紀開始陸續建立了好幾百個小城鎮，留下了許多令人驚嘆的紀念物。我們不妨選擇其中一個

最大的城市 —— 提卡爾，看看它的發展情況。

提卡爾在今天的瓜地馬拉境內。馬雅人在它的中心廣場四周建造了 4 座高大的神廟，其中最高的一座高 75 公尺，有 20 層大廈那樣高。建築整體像三角形，坡度很陡，頂上還建了一座小神殿，氣勢非常雄偉。這 4 座神廟互相呼應，圍繞著中心廣場。廣場的外圍還有宮殿、市場。馬雅人就在這裡進行隆重的宗教祭祀和政治集會。現在瓜地馬拉政府已經把廣場和神廟遺址清理乾淨，供各地旅客觀光遊覽。它已經成為中美洲最著名的一個文化古蹟。

馬雅人精於雕刻和繪畫。他們的神廟和紀念碑上都刻有精美的浮雕，建築物內繪有壁畫，日用物品也有美麗的彩畫裝飾。坐落在奇陳伊查的「戰士神廟」，是馬雅神廟建築中最壯麗動人的一座。神廟前，有一個戰士的坐像，造型奇特，形象逼真，氣概不凡，使人看了留連忘返。第二次世界大戰後，在墨西哥南部的波南帕克發現了一批保存完好的古代馬雅壁畫，轟動了世界。這些壁畫人物刻畫得很生動，色彩鮮豔明快。

馬雅人也有很豐富的天文、數學知識。他們有長期的天文觀測紀錄，很早就知道了年月和季節的變化規律。他們算出一年的具體時間是 365 加上 1/3 天，使用了比較準確的曆法；他們還能預知日蝕的日期，測算了月亮和金星的運行週期。他們在天文學上的許多發現都走在中世紀歐洲人的前面。在數學方面，他們知道使用「0」這個數字，比歐洲人早 800 年。馬雅人

的農業很有成果，他們培植了玉米、蕃茄（番茄）、馬鈴薯、甘薯、辣椒、番瓜等作物。這些為人們喜愛的食物都是在美洲最先種植的，後來才傳到了全世界。

印加人居住在南美洲。在他們之前，南美洲已經有過一些部落。印加人征服了這些部落，組成一個幅員廣闊的印加帝國。它的疆域包括今天的秘魯、厄瓜多爾和玻利維亞、智利的部分地區。印加帝國的首都庫斯科（在秘魯南部）也是一個人口有一二十萬的大城市。它用巨大的石塊建造城牆和宮室，非常堅固。直到今天，當地人還在印加的牆垣上蓋房子。庫斯科的王宮擁有大量金銀，它的太陽神廟非常壯觀。殿堂內從牆基到屋頂都用金板覆蓋，祭臺上放著一個大金球，象徵太陽；四周排列出千萬支金條，象徵太陽的光輝。這是因為印加人極其崇拜太陽。印加的金銀都是從南美各地蒐羅來的，這說明，南美洲的印第安人已經掌握了高度的冶金技術。他們製作的金銀工藝品精巧美觀，比起亞洲、歐洲的產品來並不遜色。不過，他們還不知道使用鐵。

印加人統治的廣大地區有一套嚴密的組織結構。他們把全國分成四個區，派總督和軍隊駐守，地區和中央聯繫十分密切。為了保證統治有效，他們特別重視道路的建設。縱貫全國的大道南北長 2,500 公里，像萬里長城那樣蜿蜒曲折，跨越崇山峻嶺。路基都用堅硬的大石塊鋪成，異常牢固，比當時歐洲的公路好得多。印加的工匠雖然沒有鐵器，卻能夠開採最硬的花

崗岩，砌成的建築物結構緊密，接縫處連用手摸也察覺不出來。

　　至於前面提到的阿茲特克人，他們在印第安文明中只能算是後起之秀。阿茲特克人大約在 12 世紀才進入墨西哥盆地，而那裡的文明城市已經存在千年之久了。阿茲特克人吸收了前人的文化成果，建立起一個強大的國家。他們的首都特諾奇第特蘭因此也成為美洲最大、最美的一個城市。當西班牙人入侵的時候，阿茲特克人的國家大約有 600 萬人口。

　　貪婪而殘暴的西班牙殖民者，瘋狂地破壞了印第安文明。他們先是用武力和欺騙擄獲了阿茲特克人和印加人的國王，後來又殘酷地屠殺印第安人民，把特諾奇第特蘭、庫斯科等城市夷為平地，使無數的印第安文物遭到毀滅。因此，直到今天，我們對印第安文明仍然知道得很少。

▎未解之謎

　　美國的艾力克和哥雷克兩兄弟提倡「馬雅文明為外星人的結晶」之說。主要是根據馬雅的「卓金曆」。如果「卓金曆」真的是馬雅人故鄉行星的曆法，那我們可以推知這顆行星的大致位置。公轉週期 260 日的行星，應該位於金星和地球中間，而且這顆行星應十分溫暖，所以馬雅人之所以選擇在地球上最酷熱的熱帶雨林居住，並不是沒有原因的。

　　有一冊大概能證明這種說法的書籍，那就是於 18 世紀初，由基督教的神父法蘭西斯·喜梅奈斯所發現的《波波爾烏夫》

（瓜地馬拉州印第安的起源歷史），書中幾乎都未記述馬雅人自己的事，而是馬雅人自身的「神話」。

這本馬雅的「古事紀」是用馬雅系奇古族的語言寫成的。若根據此書的記載，那麼人類和世界就曾被創造 3 回，並毀滅 3 回。而於第 4 回時，創造了現在的世界和人類，但奇吉族的祖先卻說其他的民族，與傳說中的祖先完全不同。

「他們只要瞪目而視的話，就立即能從近處起一直看到天空和圓形的地表（他們甚至也已知道地球是圓的）。除此之外，他們甚至也能一動也不動地就看到在極遠處的東西，並予以正確的判斷。」── 這是追索馬雅文明之謎的一則假設說法。

在此又面臨一項新謎團。馬雅族並未建造連接都市與密林的道路，而且至馬雅黃金時代崩頹為止，也全未使用金屬。在熱帶叢林地帶建造世界最大的超文明金字塔，所需的巨石至少必須從 10 里以外搬運過來，並需再切成塊狀，那麼建造大金字塔的巨石是來自何處又如何搬運？

「車輪」是技術的起源，人類利用純粹的科學，把生活導入生產、消費、安樂的社會生活之道。正如同阿及利亞、巴比倫文明、中美洲也出現了裝上 4 輪的士陶犬。裝上車輪的士陶犬，是人類用車輪象徵地代表狗一類的家畜。這意味著，馬雅人深知車輪的效能與弊害，而特別地不予利用。由於馬雅人禁止金屬作實際用途，他們認為金屬和武器製造有關係，可能導致戰爭。因此金屬只允許用於農業、寺院建築以及儀式上的祭器。

家庭用的刀,則以一種名叫黑曜石的火山岩代替。

馬雅人會製造車輪,卻不應用在實際生活上,研究專家們為此感到大惑不解。尤其馬雅人既不用車輪,也不借助家畜,更不用金屬,那他們建造巨石建築,真的只用人力嗎?我們可以發現在大型金字塔附近,並沒有道路或水路可供運輸,但有大型的平坦廣場,因此使人懷疑馬雅人是否曾受到外星人的協助建造金字塔?

外星人可以用飛碟當作運輸巨大石材及人類的交通工具,當然只要有大型的平坦廣場作為飛碟的停機坪,可以不用道路和有輪子的交通工具。在許多馬雅的古建築群遺蹟中,如瓜地馬拉的提卡爾、墨西哥的帕倫格等在高大的金字塔和建築群中間都有寬敞的廣場,外星人可能就當作飛碟降落場所。因此馬雅人可能在外星人的協助下,直接使用飛碟作交通工具,所以始終沒有留下道路的遺蹟和運輸工具的遺物。

總之,有關此在熱帶叢林地帶建造世界最大的超文明,又在不為人知的情況下消失黃金時代的馬雅人之謎,是十分深奧的,究竟何時才能查出其全貌呢?至今仍無人知曉。

從人種開始就注定是個謎

馬雅人是什麼人?他們從哪裡來?至今仍充滿各種猜測。

在人種上的判定上,美洲的印第安人,已被人類學家認定與亞洲人、和太平洋土著相同的蒙古人種,有著黃皮膚、黑頭

髮、和體毛少等相同的特徵。

　　就考古研究報告，美洲的史前遺蹟，一直只能發現舊石器時代後期，大約為西元前 1 萬年左右之後的活動證據，而沒有更早之前的文物出土，這一個事實又證明了美洲人種可能來自於他方的推論，而且這是比較能夠肯定且統一的說法。

　　至於，怎麼來？從何而來？種種說法則都有支持的學者輿論點，使得馬雅文明，打從血統證明書開始，就注定是個謎樣的民族。

是巨人還是外星人？

　　馬雅人的一小步是我們的一大步？

　　根據已出土的馬雅神殿規模來看，每座神殿的基座多是面寬超過 50 公尺，高度超過 40 公尺以上，以位於提卡爾城東方的 1 號金字塔為例，高度就達 50 公尺以上，除了頂部平臺屋舍外，其他部分各有 9 大級，每 1 大級又分為 9 小級，所以從底部爬上去共是 81 級。

　　每一級各有 50 公分高！幾乎是現今樓梯的 1 倍，試想，當時的馬雅人，除非是巨人，否則很難爬上去，更別提來回搬運搭建！

　　另一個讓人匪夷所思的是，大型神殿遺蹟，所用的石塊都重達 10 噸以上，但是，在馬雅文明遍布的熱帶叢林裡，卻沒有發現盛產此種石材。

假設這些建築石材是從外地運來的，考古學家卻從沒有發現任何有輪子的運輸工具，在沒有省力的運輸工具下，馬雅人又如何辦到的？

以上的疑點，一再地讓研究外星人的學者揣測，認為馬雅人其實來自外層空間，因為每個金字塔前都有的廣場可作為飛碟升降之處，而建構高難度的金字塔，工藝上也沒有問題。

另外，這麼一來，這馬雅人的集體消失，也合邏輯，你認為呢？

▌貝里斯

貝里斯為多元文化、語言和種族的社會。貝里斯約有 20 萬人口，包括克里歐人、加李維納人、美斯提索人、西班牙人、馬雅人、英國人、孟諾派教徒、黎巴嫩人、中國人和東印度人。由於國內種族和諧並對宗教抱持寬容態度，因此這些不同的民族可成功融合，而貝里斯也以各民族和諧相處聞名。

克里歐人是貝里斯最主要的種族，在 1991 年占總人口的 30%，為早期英國移民與牙買加非洲奴隸的混血後裔。總人口有超過 40% 為美斯提索人，西班牙與 18 世紀中葉從猶加敦逃離的馬雅人混血的後裔。另外 6.6% 的人口為加李維納人，但自 1980 年後逐漸減少。加李維納人有其語言和文化。猶加敦人、莫潘人（Mopan）和 Kekchi 和三個美洲印第安族人皆為貝里斯人口的一員。此地的東印度人和孟諾派教徒皆自成一群體。

　　英文和克里歐語為最通行的語言，不過西班牙有逐漸流行的趨勢。加李維納人、馬雅人和孟諾派教徒皆有自己的語言

　　克里歐人為非洲奴隸的混血後裔，他們的價值觀和生活方式比其外貌更與眾不同。

　　有 2/3 的克里歐人居住在貝里斯市。在廢除奴役制度後，克里歐人主要為伐木工人，而現在則多為公職人員。此外政黨和傳媒也多為克里歐人。

　　加李維納人在 1802 年 11 月 19 日從宏都拉斯群島來到貝里斯，為非洲奴隸、加勒比印第安人和歐洲人的混血後裔。加李維納人主要居住在龐達荷它鎮（Punta Gorda）、香格里拉鎮（Dangriga）、愛因拜村（Seine Bight）、霍普金斯村（Hopkins）、喬治城（George town）和 Barranco 村。部分加李維納人居住在貝里斯市和貝爾牟潘（Belmopan）。

　　加李維納人的傳統生活方式為漁業和農業。加李維納人多為教師和公職人員，在語言學上的表現也相當出色。加李維納人仍維持其儀式和傳統，在貝里斯社會上占有一席之地。

　　11 月 19 日為貝里斯的國定假日，慶祝加李維納人來到貝里斯。

　　在貝里斯共有三族馬雅人：猶加敦人、莫潘人（Mopan）和 Kekchi 馬雅人。

　　猶加敦人來自猶加敦，在 19 世紀中期，為逃離階級戰爭（War of Castes）來到貝里斯。他們多居住在柯羅札城

（Corozal）和橘道鎮（Orange Walk）區。猶加敦馬雅人現在
多使用英語和西班牙語，其傳統儀式也式微。

▍馬雅文明的崩解是個謎

其圖像翻譯及挖掘之文物，證明貝里斯曾為古代馬雅移民
的居住地。考古學家在橘道鎮發現馬雅遺蹟，證明其此地的馬
雅文明可回溯至西元前 2000 年。

馬雅人迄今仍認為自已來自木棉樹。他們認為此木棉樹為
宇宙的中心，支撐著天堂，是生命的象徵。

由祭司和貴族組成一個族群的馬雅人，將其他族群的馬雅
人視為敵人。

美斯提索人是西班牙與馬雅人混血的後裔，占貝里斯人口
的 48%。其祖先在 1840 年從猶加敦的 La Guerrade Castas，與其
他從北碇（Peten）受壓迫的人一起逃離至貝里斯。美斯提索人
遍居在貝里斯各地，主要群居在柯羅札城（Corozal）和橘道鎮
（Orange Walk）區及卡右區西部。美斯提索人為貝里斯社群中
主要的成員，也是推動貝里斯進步成長的主力。

東印度人占貝里斯人口的 2%，在奴隸解放後，於 1838 年
初次抵達貝里斯。他們原本為簽約僕役，其中許多人仍留在製
糖農場，之後也陸續有其他印度移民投入農場工作。東印度人
原為印度人，散居在柯羅札區和土列多區的許多村莊，而且多
已融入貝里斯社會。

貝里斯的中國人在二次世界大戰前，為逃避日本侵略中國，而來到貝里斯。他們在中美洲國家遷徙，其中多半定居在貝里斯。最近，許多臺灣人也在貝里斯定居，並從事商業活動，投入貝里斯政府提出的經濟國民計畫。

孟諾派教徒在 1958 年從曼尼托巴（Manitoba）、加拿大、Chihuahua 和墨西哥移居至貝里斯。他們在橘道鎮和卡右區有 6 個主要群體：藍溪（Blue Creek）、船塢（Shipyard）、小貝里斯（Little Belize）、普羅格雷索（Progresso）、西班牙哨站（Spanish Lookout）和巴頓溪（Barton Creek）。孟諾派教徒以其穿著打扮較具特色，婦女戴帽子、身著長裙；而男性也戴帽，全身穿著丁尼布。

孟諾派教徒在其群體間設有自己的學校、教堂和金融機構。他們以農業維生，將其家禽產品銷售全國各地。他們也銷售其手工家具。一般認為孟諾派教徒是十分勤奮的族群。

▎對馬雅人興衰的思索

思，顧名思義就是思考、思路、思慮、思量、思謀、思維。而索則是搜尋、尋找、索取。而思索連起來的意思是思考探索。

近年來，位於中美洲的瓜地馬拉、墨西哥、宏都拉斯和薩爾瓦多部份地區的馬雅遺址，越來越引起人們的極大關注，特別是引起了世界各地的探險家和考古工作者的重視。透過考察，人們發現了諸多耐人尋味的課題，這些難解之謎的出現，

自然也使世界各國 UFO 研究者十分感興趣。有關學者經過閱讀和學習有關資料，對馬雅人的興衰產生了思索，今將一點拙見談出來，與各位商榷。

思索之一：馬雅人的起源

帶有神祕色彩的馬雅人起源於何地？至今眾說紛紜，至今難定論。但是有關學者傾向於外星人移民的說法，這是根據以下幾個方面的考慮：

生活環境明顯不同於人類

人類生活的一般規律是選擇在靠近江河兩岸、交通方便、土地肥沃的地區居住和生活。而馬雅人在面積比較寬鬆、完全有條件選擇優越的良好環境狀況下，偏偏選擇了熱帶雨林這種溼熱，易於形成流行病、以及野獸經常出沒的惡劣環境生活。其目的何在呢？是否被認為是有意避開人間煙火，探求在地球上獨立生存的考驗呢？而把居住點建在繁華的城市和富饒的土地上時，就難免與在鄰近的地球人們相互頻繁地接觸和交往，那就難免泄漏他們一些不願暴露的祕密。所以，儘管居住環境稍差，但他們得以適應。因此，甘願生活在條件惡劣的地區。否則，他們科技水準明顯高於地球人，智慧顯然強於周圍的人類，為何要傻到連選擇生活環境都不會的程度呢？至於惡劣的環境，他們可以克服，而讓普通人望而生畏的野獸，對於他們來說，根本無法形成威脅。

卓金曆說明馬雅人的祖先不在地球上

從馬雅人所建的古古魯汗金字塔結構，可以看出這樣的數字：金字塔 4 面各有 52 個 4 角浮雕，表示馬雅人 1 個世紀是 52 年。13 個角代表 1 年 13 個月（卓金曆 20 天 1 個月，1 年為 20 天 × 13 個月 = 260 天）。卓金曆是根據 1 年等於 260 天的週期，所計算出的曆法。但據天文學家研究，在我們太陽系中，並沒有適用此曆的行星。那馬雅人編「卓金曆」的真正意義，就是懷舊和不忘祖宗的表現。例如就像生活在異國他鄉的華人，在使用西曆的同時，也仍然使用農曆一樣。從馬雅人編「卓金曆」就表明馬雅人的祖先，是使用「卓金曆」的，否則馬雅人也不會憑空編造「卓金曆」。而使用「卓金曆」的這顆行星，在太陽系內又不存在，所以，使用「卓金曆」的行星應該是太陽系外的行星。這說明馬雅人祖先，離我們有多麼地遙遠。

馬雅人的科技水準明顯高於地球人

從有關專家考察的資料判斷，馬雅人當時的建築、工藝、科技、運輸……諸多方面，都遠遠比地球人先進。因而，可以認為馬雅人並非是地球人的移民，而很可能是外星人的後裔。馬雅人的科技水準明顯高於地球的依據，可以從以下幾個方面來得到證明：

曆法計算正確：馬雅人當時的數學、天文學已經相當先進。例如，在編制曆法上已經準確到比現在人們的日曆還精確的

程度。

　　巨大的石造城市：1519 年，西班牙人入侵中南美時，看到一個巨大石頭所造的都市。這座石頭造的都市比西班牙某個城市的遺址更壯大、雄偉。這種巨石建造的都市，在當時地球上的古人是無法製造的。其實就是科學技術如此發達的現代人類，包括科技水準很高的發達國家，要建造一個巨大的石造都市也是不可能的。

　　宇宙火箭設計圖表明馬雅人的祖先是外星人：宇宙火箭的研究、設計、製造、使用發生在 20 世紀，少數科技水準很高的國家所擁有的高科技工業。然而，在專家考察馬雅文化遺址時，就確實看到了這樣的圖形。那麼，這種酷似現在的宇宙火箭設計圖從何而來？馬雅人的祖先，不是曾經在外星系研究、設計、生產、使用過宇宙火箭，就是曾經親眼目睹過宇宙火箭的成品。換言之，就是馬雅人的祖先，不是外星系宇宙火箭的設計、生產人員而畫的設計圖，就是親眼看到過宇宙火箭的發射，而繪的回憶圖。兩者的共同點就是遠在古代馬雅人的祖先就掌握了現代人直到 20 世紀才發明的宇宙火箭技術。

　　生產工藝令人費解：1927 年在宏都拉斯一次馬雅文化古代都市魯巴達的挖掘工作中，在已倒塌的祭壇中，發現了 1,000 多年前，以無留下使用工具痕跡的高純度透明水晶，製成的水晶頭蓋骨。用現代的工藝都無法想像的事，在 1,000 多年前的馬雅人已經生產出來了，這難道不是令人費解的事嗎？如果馬雅人的祖

先不是外星人，又怎麼能做出令現代人都解不開的難題呢？

　　空中運輸重物表明與外星人頻繁交流：馬雅人在建造巨石建築、建造大型金字塔時，不用車輛、牲畜、金屬也無運輸道路與碼頭，只有平坦廣場。在建造這些大型金字塔和巨石建築時，外星人是否應用飛碟當作運輸巨大石材的交通工具，而大型金字塔周圍的大型平坦廣場，是否被當作飛碟的停機坪？否則，一無道路可走，二無船舶可停，巨石從何運來？從空中運輸重物上看，馬雅人與外星人有著頻繁的交流。而大型金字塔和巨石建築的運輸過程，很可能是外星人利用飛碟幫助馬雅人建造的這些工程。當然，也不排除巨石建築和大型物資本身就是外星人從外星球運來的可能性。

馬雅人的信仰有異於地球人

　　馬雅人居住區有名的古古魯汗金字塔，每到 3 月 21 日和 9 月 23 日，也就是春分和秋分這兩天（或者前後 2 至 3 日）在金字塔上出現不可思議的光和影所構成的圖形。夕陽的光照在 9 級的金字塔上，出現 7 個等腰三角形的光帶，光帶的一端正好通到金字塔土臺上巨蛇的頭部。這天，居民們認為「古古魯汗由天而降」，手撫蛇首，感謝古古魯汗從天上帶來的恩惠。從這一活動可以看出，馬雅人信奉的古古魯汗與地球人的信仰不同。而且他們都是在春分、秋分時刻手撫蛇首，迎接「古古魯汗由天而降」。

與人類的起源有區別

人類的起源有不少說法，臺灣著名飛碟專家呂應鐘先生在研究地球人起源時，曾提出四種說法，即：1. 生物學的演化論，2. 神學的創造論，3. 佛學的下凡論，4. 外星人的複製論。對比馬雅人的興衰過程，既不同於生物學的演化論，又有別於神學的創造論，還有異於佛學的下凡論，還非同於外星人的複製論，而是外星人移民後，自然繁衍的外星人後裔。綜上所述，馬雅人起源於何地？有關學者認為是外星人的後裔。這是因為他們生活環境明顯不同於人類、卓金曆說明他們的祖先不在地球上、同時代馬雅人的科技水準明顯高於當時的地球人、他們信仰有異於地球人，再者從地球人起源的說法去分析對照馬雅人又不相同。因此，有關學者認為馬雅人是外星人的後裔。

思索之二：馬雅人何以能夠興盛一時？

在生活環境十分惡劣的不利因素下，馬雅人何以能夠在一個較長的時期內興盛一時呢？有關學者分析認為有以下因素造成的：

極少環境汙染

從馬雅人居住在密林深處，無道路可通、無交通工具可乘、無金屬物品可用、無外界入侵和無內部戰亂等等情況，可以認為他們居住的地區極少有環境汙染產生。而居住在極少有

環境汙染的生活區域內，自然就會興旺發達，繁衍後代也就很容易加快。

科技水準高是興盛的基礎

從馬雅文化的考察看，當時的馬雅人無論在數學、天文、建築、運輸等方面都處在十分發達的時期。而正是由於科技水準比同時代的地球人先進了許多，所以當時馬雅人能夠興盛一時，也是很自然的事。

社會穩定

從馬雅人興盛的那段時期看，當時居住在該地區的馬雅人正處在社會穩定的良好時期。對外既沒受到外侵的干擾，對內處在團結安定的祥和環境之中。在這種優雅的社會環境下，人們只有致力於發展的思想，沒有內困外憂，自然就會興旺發達。

可能外太空進行供應

據分析，馬雅人所居住的地區土地不肥沃，水土不豐富，根本不適合於農業生產。依照環境和水土分析，只適合於木瓜、香蕉、柑桔、椰子……之類的農作物生長。然而讓數百萬居民一年到頭，只是以食水果而生，顯然不符合邏輯。而馬雅人既無金屬產品、又無農業工具、還無交通道路可行，怎麼可以想像這種狀況能夠養育數以萬計的居民生活呢？倘若認為他們愚蠢不會耕作，那顯然是錯誤的。就他們的科學技術水準要

進行農業生產，應該是小菜一碟。然而，為什麼他們不去潛心研究農業呢？為什麼他們不重視農業，還能興盛發達呢？答案只有一個：那就是有外援，而這個外援又是來自外太空。有大型宇宙飛船按時供應馬雅人的生活必需品，或者馬雅人已經掌握了就地取材、製造出馬雅人所必需的生活用品，而這種必需品又非地球人所用的五穀食糧。否則，沒法解釋馬雅人能夠長期生活的緣故。在馬雅人所居住的地區，有許多大型平坦的廣場，這是否意味著宇宙飛船降落時的停機坪，而宇宙飛船的頻繁出沒，是否被認為是為馬雅人運送生活必需品呢？

氣候適宜

從馬雅人當時居住的中美洲地區的氣候環境來分析，這裡氣候屬於不是酷熱、又不嚴寒的地區。據研究那個時期災害也不多。所以這種適宜的氣候既有利於人們的生活，也有利於發育，從而對他們繁衍後代帶來了良好的環境，這也是形成馬雅人在一段時期內興盛的必要條件。

勞作輕鬆

從馬雅人居住區內無工業生產處所、無道路通暢、農作物生產量少、建築物一般都是巨石建造等等跡象，可以認為當時馬雅人居住區的人們，所從事的各項勞作是比較輕鬆的。沒有繁重的體力勞動和辛勞的農業生產，所以他們從事的勞動不是繁重的，也不是忙碌的，也不是辛苦的。由於從事的勞作輕

鬆，所以精神上就比較輕鬆愉快，人的健康水準相對來說就好，這也是馬雅人那段時期興盛的原因。

先進的醫療技術是馬雅人興盛的保證

根據考證，在馬雅人金字塔裡的房間內，已經可以看到有關內分泌腺機能及透過內分泌腺體能源流動的生理解剖圖。由此可見，當時的馬雅人在人體科學和醫療技術方面已經相當先進了。而人們的生存和興旺，在很大程度上是決定於醫療技術的水準高低。這也說明馬雅人能在相當長的一段時期內繁榮昌盛，並不是偶然的現象。

合理的運動有利於繁衍後代

據研究，在馬雅人興盛時期，常在球技場進行一種用橡皮球開展的運動。這一運動既鍛鍊了運動者的智慧與技巧，又保護了生殖器官的安全，既鍛鍊了身體，增強了技巧，提高了智慧，又不會造成生殖器官的損傷，從而有利於馬雅人繁衍後代。

精神文明是興盛的基礎

馬雅人所以能夠在一段時期內十分興旺發達，是因為他們在當時就已經十分注意進行精神文明的培養和教育。據調查，馬雅人當時就有不殺動物的規矩，在他們的社會上不設監牢、沒有奴隸、不分男女都要接受教育。在當時他們開展的一些工程，就是製造以石雕為基本工藝的神殿和宮殿。而據分析，這

些神殿是為紀念皇族或貴族而建造的。應該指出的是，在當時馬雅人已經實行了火葬。由於開展了衛生而文明的殯葬方式，從而也大大減少了環境的汙染和疾病的傳播。因此，馬雅人能在那個時期興盛也很正常。

綜上所述，馬雅人何以能夠在一個較長的時期內得以興旺發達呢？這其中的原因頗多，據有關學者思索與馬雅人當時居住地區極少環境汙染和當時他們已經具有較高的科技水準、處於社會穩定和氣候適宜、勞作輕鬆、有可能得到外太空的必要供應、當時馬雅人已經具備了較先進的醫療技術並開展合理的健身運動、在精神文明上已經明顯領先於當時的地球上人類社會、有不殺動物保持大自然的生態平衡的規矩，並且在當時已經實行了火葬的殯葬儀式，對於減少疾病的傳播和減輕環境的汙染都有著不可估量的貢獻。正由於上述諸多因素的存在，從而使馬雅人能夠在一個相當長的時期內，能在自然環境惡劣的不利條件下，能夠依靠自己的優勢實現了興旺發達的局面。

思索之三：馬雅人何以衰敗？

馬雅人在如此興盛的時期後，何以在很短的時間內就迅速衰敗了呢？儘管對原因眾說紛紜，至今仍是難解之謎。但是有關學者認為，雖然馬雅人是在短短的時間內就驟然減少，但形成的原因卻是由來已久。那麼，造成馬雅人衰敗的因素是什麼呢？原因有以下幾點：

人口爆炸

　　馬雅人居住的地區本身就不大，居住城市更小。在如此狹小的面積上，人口無節制的繁殖，興盛時期曾達到數百萬人口。這樣一個龐大的群體，在當時那個年代，應該看成是個重大的社會負擔。當承受能力達到崩潰點時，他們的頭領必然會做出決斷，從而導致大規模、閃電般的移民，繁榮昌盛的馬雅石造城市，幾乎在一夜之間成了孤城。

糧食不足

　　馬雅人當時選擇居住地區時，忽視了農業的生產條件。他們所處的土地不肥沃，不適宜種穀物、稻米，只能種植些紅薯之類的副食品充饑，或者以木瓜、香蕉、柑桔……之類的果品為食。而且收穫量肯定遠遠滿足不了人口增加的需求，用寅吃卯食來形容當時馬雅人的飲食困難，應該是個真實的寫照。數以萬計人長期解決不了人們的飲食問題，必然對社會形成一種危機。俗話說：「民以食為天」，面對常年累月的缺糧，難免造成社會的不穩定。為了根本解決這一難題，可能他們的決策者毅然做出新的選擇 —— 到新的世界去開闢新天地。從而導致了馬雅人的大動遷，由於人去樓空，從而造成了馬雅人居住地區的衰敗。

自然災害

中美洲也是強烈地震曾經發生的地方,該地區歷史上曾出現震級較強的地震。近年來,墨西哥還發生過 7 級以上的強烈地震。而中美洲的部分地區也深受颱風、颶風之苦。歷史上的馬雅人所居住的地區,也難免遭受地震之害和風災之苦。頻繁出現的自然災害,對於馬雅人來說,不僅形成了威脅,也使興旺發達中的馬雅人經受了嚴峻的考驗。在屢屢遭受災害之苦以後,馬雅人的頭領自然會思量擺脫困境的辦法。「窮則思變」,在無法擺脫面前困境的情況下,馬雅人的頭領很自然的會考慮到退卻之路,經過精密的安排之後,就出現了馬雅人大逃亡的一幕。

外來侵擾

據調查,馬雅人十分仁慈,對於人與人爭鬥是不贊成的,特別是認為人殺人更是不可理解的。就連宰殺動物都是不允許的,所以在與相鄰的人類交往中,總是處在弱者的地位。倘有外界的入侵,馬雅人必然以失敗告終。而有關學者認為難免有外界侵擾,倘若這種侵擾時有發生,馬雅人在反抗無力,無法避免的情況下,必然「走為上策」,從而導致馬雅人的集體遷移。

疾病傳播

　　據考證馬雅人昌盛時，居住地區文明衛生，而且醫療條件也優於周圍人類。然而透過相鄰的人類侵擾和交流，把當時存在於社會上的種種傳染病，有意無意傳播到了馬雅人的居住區，從而導致傳染病的流行。這樣不僅危及成年人的健康，也影響到他們後代的生長。在當時那種情況下，馬雅人的頭領，為了避開疾病的傳播和替子孫後代著想，毅然決定離開生存了相當長一段時間的居住地，遷移到一個新的天地重新開始新的生活。

能源匱乏

　　據推測，馬雅人當時那個年代還沒有電力作能源，也不可能用煤炭或者石油作燃料，也沒發現用風作能源或動力的痕跡，只能認為是可以依靠太陽的熱能為他們的生活服務。然而，從他們殘留的遺址中表明，僅僅依靠太陽的熱量作為生活服務的能源供應顯然是捉襟見肘。而隨著人口的急遽增加，能源的匱乏便是一件急切需要解決的問題。常言道：「開門七件事，柴、米、油、鹽、醬、醋、茶。」在當時那個年代，油、醬、醋、茶並不一定是開門的必需品，但要生活，柴、米、鹽還是必要的。人總不能是光吃水果吧？即使吃紅薯也不能光吃生的吧？要吃米類、穀類的食物總不能光吃生的吧？那麼，要正常生活，能源就是必不可少的。原始人還有鑽木取火的說

法，那麼，馬雅人在科技水準已不能與原始人同日而語的那個時代，肯定不會吃生飯、食生肉、飲生水，而是吃熟食、飲熱水、食熟肉（也可能不吃肉類，而吃熟的疏菜）。那麼，要達到上述需求，如非使用大量的木柴，即為利用大量的太陽能。倘若在那麼狹小的地區，養活數以萬計的人口，顯然能源達不到要求。久而久之，能源匱乏也將產生「窮則思變」的想法。那麼，馬雅人的頭領也可能因為能源的嚴重供不應求而尋求移民的措施。

外太空決策

有關學者認為馬雅人的祖先很可能是外星人，而馬雅人只不過是外星人的後裔。馬雅人與外星系的祖先，可能保持著密切的聯繫並經常交流。當馬雅人產生了人口劇增、糧食不足、自然災害……導致馬雅人困難重重、矛盾層出，使之不以自拔時，他們外太空的祖先，會做出大轉移的決策，下達動遷的命令，從而使馬雅人以迅雷不及掩耳的速度，對地球上的馬雅人進行了太空大轉移，讓絕大多數的馬雅人，遷往另一個星球，去開始他們的新生活。

綜上所述，馬雅人所以從興盛時期的數百萬人口，驟然之間絕大多數人員消失得無影無蹤，到底是什麼原因造成的呢？有關學者認為造成馬雅人由興盛到衰敗的因素是多方面的，而且是逐漸發展形成的結局。常言道：「冰凍三尺，非一日之

寒。」，造成馬雅人迅速衰敗的原因，也不是一日而產生的，它是由於常年累積下來的種種矛盾的結果。比如馬雅人在鼎盛時期，在那麼小的地區範圍內，發展成一個擁有數以萬計人口的獨立王國，必然造成糧食不足、能源匱乏、生活必需品供應緊張，倘加上自然災害的發生、流行疾病的傳播和周圍人類的外來入侵，必然就難以承擔這種重大的困難和矛盾，從而逼迫著馬雅人的頭領或者是他們的外太空祖先，思考著進行移民的設想。這樣，一但設想付諸實施，就出現了很短的時間裡，馬雅人居住區絕大多數的居民點人去樓空的悽慘局面。由於目前馬馬雅人衰敗的原因仍是眾說紛紜，至今難有定論，有關學者的思索也僅是一種猜測。

思索之四：馬雅人是如何無影無蹤的？

　　馬雅人何以在很短的時間內，絕大多數居民消失得無影無蹤呢？他們是如何消失的呢？有關學者認為是由外星人運用大型宇宙飛船集中人力，物力進行突擊性的運送來完成的外太空大轉移。當宇宙飛船把絕大多數馬雅人運送到外星球後，極少數留守的馬雅人，眼看著自己的親人離家而去，遷往遙遠的新天地時就會注視著天空，發出「啊咿啊咿」的叫喊，似乎在向運送他們親人的宇宙飛船叫道：「等一等呀，帶著我啊！」

　　據專家考察，當時馬雅人居住地區既無大型戰爭的跡象，也無全面內亂的痕跡，更無嚴重瘟疫的災情，還更無遷往地球

上其他地區的依據。在馬雅人的集中居住區既無屍橫遍野、無金字塔林立，又無躲避處所（即使躲了，日後也還要出來）短短時日，一個數以萬計人口的居住區就消失得無影無蹤。那麼，這些人到哪去了？俗話說：「活要見人，死要見屍。」總有個去處吧？根據馬雅人神祕的生活方式和來源，有關學者認為有理由考慮馬雅人神祕的消失，是一種有計畫、有目的、有步驟、有安排的移民行動，而遷移的處所則是地球外的一個星球。

▎馬雅歷史分析

* **類型**：弓兵民族
* **種族利益**：

  一開始村民 +1 食物 -50

  一開始的斥候騎兵由鷹勇士代替

  資源延長 20%（例村民得 6 木，樹損 5 木）

  弓兵封建時代花費 -10% 城堡時代 -20% 帝王時代 -30%

* **同盟利益**：城牆花費 -50%
* **特殊單位**：羽毛箭射手
* **特殊科技**：黃金國（鷹勇血 +40）
* **歷史**：

  從西元 250 至 1546 年馬雅人一直占有猶加敦半島，也就是今天的宏都拉斯和瓜地馬拉。雖然他們的歷史可追溯到西元前 2 千年，但他們的高峰時期卻在西元 600 年和 900 年

之間。雖然是居住在農業價值並不高的土地上，但他們建造的許多紀念碑和舉辦儀典的中心，跟埃及古物一樣讓後人留下深刻的印象。這些建築物之所以令人驚嘆，是因為他們的宗教比較原始而簡單。無可否認的，他們的建築的確讓人印象深刻，但相較於同時期世界各地先進的文明來看，他們的建築也是相當原始的。他們所創造出獨特的書寫符號，直到今天仍只有少部份被解讀出來。目前只有三部以馬雅文字寫成的書籍留傳下來，其餘大部份都被過去害怕異端邪說的歐洲人摧毀。

馬雅人十分精通數學和天文學。對於星體與地球運行的理解和預測，是他們用來計算曆法和訂定重要時節的關鍵。他們居住的小村落經常會遷移到別的地方，在遇到重大的事情時，就會往他們的中心聚集，由貴族戰士和教士來主導他們的社會。

到了西元第 10 世紀，可能是因為地震或是火山爆發，讓馬雅人開始走向沒落。許多舉行重要儀式的場所也隨之廢棄。來自墨西哥中部的戰士開始入侵他們的領土，讓他們四散到雨林之中，各自組成小型的聚落。雖然最後一個馬雅的中心地在西元 17 世紀被西班牙人奪走，但是為數超過200 萬的馬雅人後裔，直到今天仍然居住在猶加敦一帶。

馬雅宗教

宗教雛型的出現

值得注意的是在前黃金期逐漸出現以宗教祭祀為目的建築物，最初多半是十分原始的平臺，或是平頂的小型塔狀建築，隨著時間的發展，結構開始複雜龐大起來。

馬雅人是一隻宗教至上的種族，甚至可以說馬雅文明是環繞著宗教而產生的；如天文曆法、算學、哲學等成就都是因宗教的須要而衍生出來的。

而萌於此階段得的宗教思想與祭祀行為，則呈現出早期馬雅人對於天地宇宙，及自然萬物的關念與認知。

妙齡少女為何被推入井？

日頭炎炎，祈求的香火、詭異的音樂，換上美麗衣裳的年輕女子，在眾人的擁簇下，面帶微笑，由祭司領著，緩緩走向聖井，頭也不回，向下一跳，此生成永恆。

由於整個猶加敦半島都非常乾燥，水源只能靠由兩座由石灰岩崩落所形成的水井供給，於是水源問題，對後古典的馬雅人來說，是最大的奢求，他們對水源的敬畏，從這座發現少女屍骨的奇欽伊薩城水井就可以看出。

為了敬奉神明，古馬雅人會先淨身更衣，後舉行投井獻祭儀式，並將自認為很重要的東西丟入井中，如：金、銀、玉、

刀斧等。

這種活人祭是請活人進入聖井中，向雨神徵詢旨意，所以，對被獻祭的人來說，並不是一種殘酷的行為，反而是一種至高無上的榮耀，而圖中所演示的正是馬雅人取水的景象，從其中水源的珍貴，可以了解馬雅人對雨神的敬畏。

而這種儀式也已經得到證實，考古學家從井底抽出的淤泥中發現了大量的珠寶器物和少女的屍骨，這種將少女推入井祭雨神的宗教儀式，其實與中國古代的傳說「河神娶親」相似，兩者都是屬於群眾心理治療。

今日的馬雅信耶穌也拜羽蛇神

馬雅人，在 16 世紀，西班牙人以殖民者的恐怖迫害，試圖毀滅原有文化下，選擇面對困境，以結合殖民精神，雙重文化兼容並蓄，舒展出更強韌的生命力。

現在的馬雅人，信耶穌也拜羽蛇神，焚香祈禱的異教場面，仍在殖民 300 年後持續進行。

耶穌基督、聖母瑪利亞，在他們看來，也是這種儀式中所要敬拜的天神，是萬物萬靈中的一份子，與所有古老的馬雅神明同在，並行不悖，許多西班牙式的建築裡可以看見的彩色玻璃上仍有馬雅人的圖像。

這種釋然的態度，就像他們祖先所使用的多重曆法一樣，複雜也簡單。

幻化為羽蛇神

既期待又怕受傷害，馬雅人對野生動物和無法預知大自然的矛盾情結，從宗教信仰上就可以看得出端倪。

馬雅人崇拜蛇的常規，最早在奧爾美加時期就已經顯露出來，他們把對大自然和野生動物的敬畏變得神格化，這種心理層面的轉變，最好的實證是，早期出土的美洲豹、蛇、人三者合一的複合石雕。

而他們對雨神的敬愛，則是因為地處熱帶雨林，農作物的產收好壞，全得靠雨量的豐沛、均衡，所以他們總是祈求「小雨來得正是時候」，而不是「大雨大雨一直下」，由於雨神攸關生計，所以對古馬雅人來說在重要性上更勝於太陽神。

結合以上複雜的情結，掌管普降甘霖的雨神和蟒形體就結合成一個，後古典期特有的宗教符號 —— 羽蛇神庫庫爾坎（Kuku can）。

而他們對羽蛇神的崇敬之心也化為形而上，最著名的，就是位於奇欽伊薩的庫庫爾坎金字塔頂上羽蛇神廟，它在馬雅祭司的巧妙包裝下，變得神靈活現。

為何剖胸挖心放血？

對後古典時期的馬雅人來說，因為生活環境日漸惡化，祈求降雨或豐收，變成一件更奢求的事，再加上人們心裡常覺得自己奉獻不夠，認為動物祭禮並不能滿足神明，因此便開始

仿效其他中美洲文化獻祭活人，他們認為能當與神靈溝通的使者，是件光榮的聖事。

再往前追溯，馬雅宗教儀式從活人身上放血的儀式，其實存在已久。早在古典期，統治層次結構為求降雨或戰爭勝利，就常舉行放血儀式，這些事跡在古典碑文中屢見不鮮，內容則多是貴族們以繩子在舌頭或者是男性生殖器上穿洞放血，場面慘不忍睹。

由此可見，喜歡紅色的馬雅人其實早就習慣用鮮血和痛苦與神明溝通，在了解活人放血祭神的歷史過程後，當後古典時期，祭臺上刻滿了神明啃食心臟的宗教畫面，就不再令人驚訝，甚至可以被理解。

這種儀式，最早在伽克摩爾（Chacmol）的人形石雕上可得到證明，整個活人獻祭儀式的高潮，就是祭司對獻祭的人、牲畜，進行剖胸挖心的過程後，將心臟盛放在人形祭臺手捧的器皿上。

美洲豹受敬畏

後古典時代，馬雅人除了對羽蛇神的崇拜外，還有另一個可與之媲美的 —— 美洲豹。

馬雅人對於美洲豹的敬拜，最早可追溯到奧爾美加時代，在當時的社會，美洲豹扮演最有影響力的一位天神，甚至還成為奧爾美加王朝的主要象徵，只是當時的美洲豹所傳達的，是

較平和的天人合一、人神共體宗教精神。

但是到了後古典時代，美洲豹形象卻搖身一變成為血腥、殘酷的代表，比起古代奧爾美加文明所表現的王者特質，較令人感受毛骨悚然從奇欽伊薩美洲豹神殿旁的祭臺周圍，就可以看到一幕幕，人形化的美洲豹戰士與老鷹神正在啄食人類心臟的殘酷畫面。

誰斷頭獻祭……贏家？輸家？

以今觀古，籃球運動，最早可能出現在馬雅的文化裡。

高牆上的石環，類似現今籃球比賽的球框。馬雅人建了很多這樣的球場，然後以球賽的勝負，決定被獻祭者的對象。

研究者多半以為，應該是輸的那一隊獻出自己的生命。但有另外一種說法，是贏的那方反而要獻出自己的生命來；這派理論認為，獻出生命在馬雅人的觀念 —— 是一種榮耀。

當時的馬雅人，在看球賽的時候，是抱著怎麼樣的心情呢？或許他們並不在乎輸贏，比較在乎的是宗教信仰的精神層面。若是已經生死置之於度外，球賽就特別地精彩？

這種勝負定生死的遊戲規則，確實讓每位參賽者的地位，由運動家變成了戰士。然而，究竟是誰砍了誰的頭，在今天卻出現了兩種完全不同的見解與說法。一般來說，由兩個不同的部落參加競賽，戰敗者必須被勝利者砍頭的邏輯，是合理而且易於理解的；但是越來越多的學者卻傾向相反的看法，認為在

球賽中被犧牲獻祭的人，不是由失敗的一方推派，而是勝利的一方。

這個想法，來自於馬雅人對宗教犧牲者的崇高敬意與趨之若鶩。

有一份出土的「球賽斷頭畫面」文物，就是最佳證明──球賽中的死者，噴出的血液，竟化成了好幾條美麗的蛇頭，與神的化身，在瞬間合而為一。由此不難想見，馬雅人是如何看待這種被獻祭的榮譽。如果把犧牲的終點，視為是進入天堂的實現，球賽的最後，自然也不會讓失敗者獲得這項獎賞，當然只有勝利的一方，才有這項資格。

這個說法，提供了一個令人錯愕卻又難以辯駁的宗教邏輯，確實讓現代人對這種疑似籃球比賽始祖的死亡遊戲，充滿了更多的想像空間與道德迷思。

馬雅人這種死亡球賽的獻祭儀式，在其他文化中是否也看得到呢？

由整個中美洲的文明版圖，我們可以發現，從馬雅城邦開始，有向外發揚的趨勢，在其他系統的文明部落間，同樣看到了這種球賽的儀式記載，繁縟盛大的場面，並不亞於馬雅本地。

至於為什麼會有這種競賽性質的宗教儀式發生，自然也有很多不同的推論跟說法。史學家相信，球賽的舉行，除了是一種向神明祈求豐收、消除災禍的定期儀式之外，更有可能是一種和鄰邦之間的小型競爭活動。而馬雅人的熱愛獻祭，更可從

連日用品中也出現「血腳印」看出端倪。

　　自古以來，兩個城邦之間的紛爭與消長關係，常常取決於戰爭的發生，但在中美洲的印第安文明，卻以運動場上的勝負，來維持彼此的和平共存，以戰士裝備的運動員來出戰敵國，然後再以成敗來決定生死，在眾目睽睽之下，慷慨赴義升天，完成這場維護和平的救贖過程，與榮譽登仙的犧牲儀式。

　　雖然這樣的一種活動，確實血腥得駭人聽聞，但卻又無法否認，其中所隱含的宗教情懷與人道哲學，竟是極為深刻壯烈……

宗教與節慶

　　馬雅人的日常生活從出生、死亡、農業活動、四時記載、天文乃至建築都深受宗教的影響。馬雅的神相當多，主要的有：天神（Itzamá）、雨神（Chac）、玉米神（AhMun）、死神（AhPuch）等。

　　對於馬雅人而言，任何物品和動、植物都具有靈魂。因此，當砍樹或在第上挖洞播種時，都要向樹神或地神祭拜，請求諒解。不同於西方人信教是為了得救，馬雅人禱告不是為了避免災難或獲得永生，他們的祈禱只希望雨下得適時、適量，讓他們有好的收成。

　　在馬雅文化剛形成時，這時候的宗教簡單且自然。當時沒有教士也沒有神殿，只崇拜打獵、捕魚、播種、收成、下雨等

和生活有直接關聯的神。但在出現教士階層後，馬雅的宗教就慢慢變得複雜。神變得抽象，祭典也變得神祕莫測，同時也出現神殿。此外，宗教也漸漸隱含強烈的政治意圖。

在初期的宗教祭典中馬雅人只奉獻鮮花，後來才用野生動物或家畜來祭祀，接著他們抓其他部落的人來當祭品，最後本地罪犯也成為祭品。這樣不人道行為的存在主要是領導階層欲藉此讓民眾順從、服侍高層並完成一座座雄偉的神殿。

他們的祭典和節慶相當繁多，不過其過程卻又大同小異：節食、禁慾、事先選時擇日、驅除魔障、上香、祈禱，最後及最重要的是供奉動物或人。此外，馬雅的女性是不能參加祭典的。

馬雅人較重要的節慶活動包括：石球活動及新年。打石球不是一般民眾的活動，只是少數領導階層的活動，通常打輸的一方必須奉獻給神。新年活動從前一年的最後 5 天開始，在這不吉祥的 5 天中所有的人都待在家裡以免災禍臨頭。新年那天，大家穿著新衣並把家中舊的瓷器及物品銷毀，代表萬象更新。此外，每個月馬雅人也有其特殊節慶。在一年的第 2 個月 Uo，他們會祭拜漁夫、獵人、旅人等職業的守護神。每個月的慶典都有其獨特的舞蹈；例如 Ma 是 4 月到 5 月初的節慶，恰巧是雨季，因此舞蹈就和雨及收成有關。

馬雅的貴族也常舉辦私人的節慶。節慶當天每位訪客會送瓷器或毯子給主人，而主人則提供豐富的食物；之後主客以跳

舞、喝玉米酒歡樂助興。宴會最後總是那些可憐的婦女,拖著
她醉得不醒人事的丈夫返家並為其解酒。

第六章
馬雅的曆法

馬雅曆法

馬雅文明中最令人驚訝的事是他們的曆法。依僅存的資料及建築雕刻品，我們得知馬雅人的編年史從西元前 3113 年開始。這一曆法每隔 37 萬 4 千年循環一次，並已知道地球一年為 365 天 6 小時又 24 分 20 秒。

除此之外，馬雅人也可計算金星的一年至小小數點以後 3 位。傳說馬雅人的祖先來自天上的某一顆星 —— 金牛座的昂宿星。或許這可解釋馬雅人為什麼天文知識如此豐富。

馬雅人相信宇宙是以「大循環」的方式運行，每一循環為一「太陽紀」，而自創世以來，宇宙已經過 4 個太陽紀，根據馬雅曆法推測，第 5 太陽紀開始於西元前 3114 年 8 月 13 日，而現在我們正存活在第 5 太陽紀的末期，世界末日的時間將發生在西元 2012 年 12 月 23 日，那時大地會劇烈移動，災難四起，生命毀滅。

馬雅人的說法雖然有些危言聳聽，但依據馬雅曆法對於其他天文現象的準確性，我們是否能以另一種客觀的想法，來面對這警惕性的預言？

馬雅人的曆法是世界上最正確的一個，他們的編年史據，許多研究馬雅文明的歷史專家考證後，認為西元前 3114 年 8 月 11 日開始，這一天代表什麼意義？至今仍是一個謎。

馬雅人有一套複雜的方法是用來記錄重要事件的日期，它是以 3 種不同的計時法 —— 陽曆年、金星曆年和卓金曆年 ——

為基礎。260 天的卓金曆年與陽曆年連在一起，二者都包括在歷時 584 天的金星曆年之內。

馬雅人建築的金字塔、廟宇並不是為了需要，而是因為曆法上的指示，每隔 52 年要建造 1 座有一定數目階梯的大建築物，1 天為 1 階，1 道平臺表示 1 月，直到頂端共計 365 天，每一塊石塊都與曆法有關，每一座完成的建築物都需符合天文上一定的要求。似乎他們除了宗教熱忱的衝動外，並未有建造大型廟宇的意念，只因曆法賦予這項義務，他們就按部就班地履行著。

馬雅人建築的金字塔與埃及著名金字塔有所不同，埃及金字塔是空心，內部為帝王陵寢；而馬雅金字塔為實心，塔前廣場是民眾參加祭典場所，塔頂則供教士們辦公、居住、或觀察天象之用。在衣查（Chich'en Itz'a）鎮的一座圓頂天文臺，馬雅的天文學家可計算月球的軌跡至小數點以後 4 位，甚至可計算出金星（Venus）上的一年至小數以後 3 位！

馬雅的天文學家在長期觀測太陽和星辰的運行，發明了精準的曆法。馬雅人稱年為「哈布」（haab），一年有 18 個月，每個月 20 天，每年另加 5 天稱為華吉（Vazeh）。又以 360 天為一「盾」（tun），20 盾為一「卡盾」（katun）計 7,200 天，20 卡盾為一「伯克盾」（baktun）有 14 萬 4 千天，這便是計算曆法的單位，最大的稱為「阿托盾」（alautun），共有 230 億 4 千萬天，即 6,300 多萬年。如此龐大複雜的曆法，在世界其他古

文明的曆法中，有如鶴立雞群，卓然生輝。

我們現在所使用的月曆，一年以 365.2425 日計算，馬雅當時的天文學家則以 365.2420 日計算，根據日前最先端的天文學家計算，一年應該是 365.2422 日。由此看來，古代馬雅人所使用的月曆，比我們現在所使用的月曆更正確，其誤差只不過是 0.0002 天，換算成秒，一年只差 17.28 秒。誰也不知道，古代馬雅人為何有如此正確的天文學計算。一個天文學家若想得到這樣的數值，至少必須花上 1 萬年以上的時間來做天體觀測才有可能。馬雅文獻之一的托蘭斯汀古書，明載著日蝕、金星會合週期等。

馬雅人高超的數學概念，深令世人津津樂道。其數學平均數的準確程度，也深令人咋舌。據說古馬雅人曾以 32 又 3/4 年的時間，觀察 405 次月圓，計算出 32 又 3/4 年等於 11,960 天。今天天文學家以精密儀器計算的結果是 11,959.888 天，比較之下，依馬雅人的算法，每 292 年才出現 1 天誤差，即每年誤差不到 5 分鐘。他們的天文知識在高超的數學技巧的幫助之下，也有驚人的成就。

卓爾金曆和太陽曆，另在馬雅的碑文中同時並行，生成了一個更長的週期，為期 18980 天，也就是在卓爾金年輪迴了 73 圈後，剛好可以跟轉了 52 圈的太陽年，回到同一個標記上，因而形成的大週期。

這種為期 52 年的大週期，構成了馬雅人深信歷史會再重演

一次的宿命單位，所以祭司們努力立碑傳世，告訴後人哪一天將會發生哪些事，後世的祭司就會在那一天快要來臨之前，預告百姓，做好萬全的準備，以迎接神明即將降下的旨意。

以位於奇欽伊薩的羽蛇神庫庫爾坎（Kuku can）命名的金字塔來說，就曾經在它的內部，發現這個以 52 年為一輪迴的馬雅現象，考古學家在這座金字塔的內部挖掘到另一層舊有的金字塔石階與神廟遺蹟，清楚揭示了這個驚人的祕密。

除此之外，馬雅人還有一個令我們毛骨悚然的曆法，那就是卓金曆。這是根據一年等於 260 日週期所計算出的曆法，但在太陽系中，並沒有適用此曆的行星。

總而言之，最足以代表馬雅文明之謎的，應該是馬雅的曆法吧！

社會經濟和政治組織

早在形成期，馬雅人就發展出至少兩種社會階級 —— 祭司與當權者組成的精英階級（少數）及鄉農階級（多數）。後者在田裡工作，以勞力生產物供應精英階級。階級間存有可變動性。到了形成期晚期，景象開始轉為複雜。有越來越多的人拋棄全天候的農業專職，湧入都市中心擔任手工藝技匠、官員或商人。雖然古典期社會結構的確實性質至今未明，但馬雅社會的確愈來愈階層化。貿易在馬雅文明的發展中扮演重要的角色。

西元 19 世紀初，首先激發歐洲及北美探險家和學者想像力

的，正是湮沒在熱帶雨林中，殘破的馬雅城市和巨大的石雕。但隱藏在背後的偉大才智成就，一直到後來才得到欣賞。其中最突出的，是在馬雅人生活中相當重要的時間概念。幾種精心製作，相互契合的曆法，以及與曆法緊密結合的數學計算，對天體運動的天文觀察等，都是馬雅人超越其他中美洲民族的領域。

馬雅的精確曆法

馬雅人的曆法觀念很重，而且是世界上最正確的一個；而金星公式同樣也是最正確的，今日也已經證明。在依查、梯卡、柯本、白冷格等地的大廈，都是依照馬雅人曆法建的。馬雅人建金字塔，建廟宇不是為了需要，而是因為曆法上指示，每隔 52 年要建造一座有一定數目階梯的大廈，每一石塊都與曆法有關，每一座完成的建築，都需符合天文上一定的要求。

但是西元 600 年，發生了令人難以置信的事情。突然而且缺乏明顯的理由，整個民族就毅然決然地離開了辛苦建的城池，從此一去不回。

據說在很早以前的某一個時候，馬雅族的祖先們，曾受到「神」的訪問（據猜想可能是太空遊客）。在馬雅人的世界內，關於天文、算學及曆法，都有嚴格維護的神聖傳說。因為神曾許下諾言有一天要回來。他們因而創設了一種神聖的新宗教，即庫庫甘教，也稱飛蛇教。

　　至今還有尚未回答的一連串問題：馬雅人將這些古老的城市建在叢林中，為什麼不在河上或海邊呢？以梯卡城為例，其位置距宏都拉斯灣 109 哩，距堪倍基灣 161 哩，距太平洋 236 哩。從馬雅人用珊瑚、及貝甲殼類製品的豐富度上看，他們對海洋是很熟悉的。那麼為何要遁入叢林中呢？可以定居到水邊，為什麼要去建造蓄水池呢？單梯卡一城，就有 13 座蓄水池。他們為什麼不生活、營建和工作在其他更合理的地方呢？

　　據說以後的馬雅族在北方建立了一個新王國。又根據曆法的日期，再度建起城池、廟宇和金字塔，還有一座天文臺。

　　在依查的天文臺是馬雅人最早，最古老的圓形建築，高過 3 塊高地上的叢林。裡邊有螺旋狀的梯子，直通到最上邊的觀察站，在圓頂中開了許多窗戶，整個天空景象可一覽無遺，外邊牆上雕飾著雨神的面具和長有翅膀的人形畫像。

　　馬雅人怎麼會知道天王星及海王星的？為什麼設在依查城天文臺的觀測站，不直接面對光芒最亮的星座？在白冷格城乘坐火箭的石雕像是什麼意思呢？馬雅人曆法上所寫 4 千億年是什麼意思？他們從什麼地方獲得計算太陽系和金星年到四十進位的程度呢？誰來傳播他們奇準無比的天文知識呢？

　　幾乎所有的馬雅人建築都用蛇做標誌，這是很奇怪的。為什麼會想到牠有飛行的能力呢？怎麼可能像神般奉祀這種動物呢？牠又怎麼能夠飛行呢？

▍曆法與金字塔

　　依照教士的傳說，有一天，當這些廣大的建築依照曆法上週期的規則搭建完成，神明們就會來到人間。所以人們就忙碌地依照這個神聖的使命建造廟宇和金字塔，因為預想完成的那一年，也就是狂歡的一年。那時飛蛇教的庫庫甘神自星星上下凡來，占有這些建築，從此就活在人類之間。

　　工程完成了，神們回來的年頭也將近，但什麼異動也沒有發生，整個民族歌頌、祈禱、等待了一年。奴隸、珠寶、玉米和油脂毫不惋惜地奉獻出來，卻也徒勞無功。但是蒼天默默，沒有任何一點暗示，沒有飛車出現，他們聽不到一點隆隆的車聲，或沉悶的雷聲。沒有！絕對沒有發生任何事故。

　　人們對這一假設，稍作思索，教士及百姓的驚慌失措，是可以想像得到的。幾世紀來的辛勤工作，全部成了泡影。疑竇叢生，是曆法的計算上有錯誤嗎？神明到了別處去了嗎？是他們犯了不可饒恕的過失嗎？

　　曆法在西元前 3111 年開始。從馬雅人的著述中可找到許多證據。如果承認這是一個準確的日期，那麼其與埃及文化開始，只有幾百年的差距，因為這個非常正確的曆法，一而再地被提到，所以這個傳說的時代看來是相當真實的。

第七章
馬雅的預言及神話

「地球並非人類所有，人類卻屬於地球。」—— 馬雅預言

根據馬雅預言上表示，現在我們所生存的地球，已經是在所謂的第 5 太陽紀，到目前為止，地球已經過了 4 個太陽紀，而在每一紀結束時，都會上演一齣齣驚心動魄的毀滅劇情。

馬雅預言對世界末日的分析及定義

馬雅預言對世界末日的分析及定義

相傳在世界某一地方，偏僻的一角裡，住著只有 7、8 萬人的小國，此國文明科技絕不遜色於現在，反有更鮮為人知的祕密……更留下一篇警誡後世的文章。那地方，就是馬雅古國，而留下的是「馬雅預言」。

馬雅文明現在已不復見，但馬雅預言卻流傳至今，經過歷年來的考究也找不出這篇預言的作者來，但箇中預言卻非常詭異神祕。根據網站「古域」中所提供的馬雅預言內容表示，我們現在生活的世代，是屬於預言中所謂第 5 太陽紀，而之前的四個太陽紀已過，每一個太陽紀完結之時，驚心動魄的災難也上幕了。

第一個太陽紀名為馬特拉克堤利（Matlactilart），最終洪水覆蓋大地，亦有挪亞時代洪水之說；第二個太陽紀名為伊厄科特爾（Ehecati），它是被「風蛇」狂吹所滅；第三個太陽紀名為托雷奎雅維洛（Tleyquiyahuillo）是天降予火而滅亡，乃古

代核戰；第四個太陽紀名為宗德里里克（Tzontlilic），是「火雨」肆虐而導致滅亡。馬雅預言最後一章多是年代紀錄，如同串好的，全在第五個太陽紀劃上一個句號，換句說，太陽一旦經歷了 5 紀，就會滅亡，簡接也令地球踏上滅亡之路，而用西曆對照，這滅亡日大概應在 2012 年 12 月 22 日前後。

馬雅的神祕語言

第一個太陽紀是馬特拉克堤利 Matlactilart（根達亞文明），超能力文明，身高 1 公尺左右，男人有第三隻眼，翡翠色，功能各有不同。有預測的、有殺傷力的等等。女人沒有第三隻眼，所以女人害怕男人。但是女人的子宮有通神的能力，女人懷孕前會與天上要投生的神聯繫，談好了，女人才會要孩子。根達亞文明毀於大陸沉沒，但是很少有資料提到過根達亞文明，所以沒有什麼現代的理論依據。

第二個太陽紀是伊厄科特爾 Ehecatl（美索不達米亞文明），美索不達米亞文明是上個文明（根達亞文明）逃亡者的延續。但是人們忘了以前的事，超能力也漸漸消失。在根達亞文明裡面，男人有第三隻眼睛，可是到了美索不達米亞文明，男人的第三隻眼開始消失。他們特別注重飲食，發展出各色各樣的專家，所以又被稱為飲食文明。美索不達米亞文明發生在南極大陸，毀於地球磁極轉換。但以上只有少數資料有提到過，沒有什麼現代的理論依據。

　　第三個太陽紀是奎雅維洛 Tleyquiyahuillo（穆里亞文明），馬雅人所推測的地球上第三次文明，也稱生物能文明。是上個文明（美索不達米亞文明）逃亡者的延續。美索不達亞文明的先祖開始注意到植物在發芽時產生的能量，這個能量非常巨大，經過一個世紀的改良發明了利用植物能的機器，這個機器可以放大能量，該文明毀於大陸沉沒。但以上只有少數資料有提到過，沒有什麼現代的理論依據。

　　第四個太陽紀是宗德里裡克 Tzontlilic（亞特蘭提斯文明、光的文明）繼承上個文明，這裡用繼承，不用延續是因為亞特蘭提斯是來自獵戶座的殖民者。他們擁有光的能力，是火雨的肆虐下引發大地覆滅。早在穆里亞文明時期亞特蘭提斯就建立了。後來這兩個文明還打核戰爭。

　　前幾個太陽紀都因為證據不足而無法得到證實與合理解釋。

　　據「卓爾金曆」所言：我們的地球現在已經在所謂的「第5個太陽紀」了，這是最後一個「太陽紀」。在銀河季的這一段時期中，我們的太陽系正經歷著一個歷時 5,100 多年的「大週期」。時間是從西元前 3113 年造成西元 2012 年止。在這個「大週期」中，運動著的地球以及太陽系正在透過一束來自銀河系核心的銀河射線。這束射線的橫截面直徑為 5,125 地球年。換言之，地球透過這束射線需要 5,125 年之久。2012 年 12 月 21 日將是本次人類文明結束的日子。此後，人類將進入與本次文明毫無關係的一個全新的文明。雖然很多民族都有末日預言，但

為何馬雅人所說的末日預言，會受到人們的重視，原因是馬雅曆法的計算非常準確。他們所繪製的航海圖也比現在任何一個都要精確，馬雅人沒有我們現代的科學技術，但他們對天文及數學的精通令人嘆為觀止。他們信手就可以把月亮背面的圖像刻在月亮神廟的門上當作裝飾，讓我們的科學家一開始捉摸不透，等科學家證實了這是月亮背面圖像時又百思不解：他們怎麼能看到的？因為月亮永遠只把一面向著地球。這也許是因為他們的宇宙意識曾賦予他們特殊的智慧，馬雅人曾有他們自己的修煉體系。馬雅人在他們文明的鼎盛之際不留痕跡地遁去，使後人費盡心機也猜不出其中的原因。

▌神祕地帶

中美洲的中心地帶，曾居住了一個擁有超卓文明的民族，雖然他們留下的不少文物和典籍，均被外來世界的人士刻意破壞，但即使單靠僅存的資料，同樣令現代人驚訝於這個古文明的厲害 —— 沒錯，他們是馬雅族（Maya）。

▌馬雅的眾神

* **馬雅國王的守護神 —— 美洲豹**：美洲豹因日夜都能出擊而受馬雅人尊崇。
* **天空的守護者 —— 雕鳥**：生命之樹 —— 吉貝樹，馬雅人因吉貝樹的高大而相信它是支撐天堂和人界的樹（如同北歐神話一般），是亡魂進入天堂的道路。

馬雅之神造人

馬雅的眾神因認為需要人類來尊崇他們而進行「造人」，但我想他們可能是因為日子太無趣，所以想藉造人來排解無聊。

馬雅之神造人共分 3 次，但每次所用的材料和毀滅方式有所不同依次可分為如下：

第一次以陶土創造出人類，但因過於脆弱所以神自己銷毀。

第二次以木頭造出人類，但因他們沒有血淚和感情，所以派魔鬼去消滅。

第三次以玉米粉加上神自己的血才造出祂們理想中的人類。

這也許可以說明馬雅人為何會出現活人祭典：他們認為要將血還給造他們的神，所以才用活人祭祀。犧牲者的來源主要是奴隸、俘虜和罪犯。

眾神的許諾

即使我們在審視過去時並非懷疑人類的既往歷史，但我們卻依然堅信：希臘羅馬的諸神，以及大部分神話傳說，都被一種極為遙遠過去的氛圍包裹。自有人類至今，在民間便廣泛地流傳著遠古時期的經文史料和神話傳說，同時，近代的文化也為我們提供了有關過去的未知時代的證據。

在瓜地馬拉和墨西哥猶加敦叢林裡，有著多不勝數的廢墟，它們在規模上一點也不遜色於古埃及宏偉的金字塔群落。在墨西哥首都墨西哥城以南 100 公里的寇魯拉金字塔，其底面

面積超過了吉薩的金字塔；墨西哥城以北 50 公里的泰奧提華坎金字塔塔區占地面積則接近 20 平方公里。特別需要指出的是，在寇魯拉和泰奧提華坎出土的建築物，其遺蹟完全是根據星辰的數據資料而建造的。有關泰奧提華坎最早的文字資料記載說，那裡是諸神會商人類事務的處所。請記住一個事實，這畢竟是發生在有現代人之前的事！在墨西哥的吉陳伊扎、瓜地馬拉的提卡爾、宏都拉斯的科潘、墨西哥的帕倫克等地發現的古代建築物，現在都已被證明是根據馬雅人近乎神話般的曆書要求而建造的。

無與倫比的奇觀

今天，在旅遊者們最感興趣的馬雅古城中，吉陳‧伊扎可以算得上一個有特別吸引力的地方。這座位於猶加敦半島上的城市以其神廟知名於世，因此又被人稱為神廟城市。從委內瑞拉的梅裡達或旅遊城市坎昆均有專車前往該地，也有小型飛機直飛吉陳‧伊扎。

在西班牙人前往美洲之前，吉陳‧伊扎曾經是猶加敦半島上最重要的馬雅文化中心。即使到了今天，經過後人們修復的廢墟仍會讓人感到莊嚴肅穆，令人印象深刻。在一大片宗教性建築的中心位置處，矗立著 30 公尺高的庫庫爾干（KuKulkan）金字塔。金字塔塔基呈正方形，邊長 55.5 公尺，它的建築布局和曆法隱隱相合。從下往上看，金字塔共分為 9 層方形平臺，

它們由下向上層層堆迭而又逐漸縮小，就像一個玲瓏精緻而又碩大無比的生日蛋糕。

美洲中部的土著一直堅信他們生活在一種週期性的過程之中，其最小的週期即為 52 年。馬雅人相信，每透過這樣一個週期，他們在天國的教主就會回到他們之中。另外，他們還相信，曾經有 4 個所謂的天國的教主降臨到地球上來，他們環繞地球旋轉了 13 圈，經過了馬雅曆法中最短的週期 52 年之後，再次返回了人類居住的地球。

這種信念至今還保持在今日的民俗活動中。大多數情況下，馬雅人都是在一根很高的旗杆上舉行這一活動，由 4 個身穿五顏六色服飾的印第安人圍著旗杆跳舞，一邊跳一邊吹奏笛子，與此同時，另外的一些人則在旁邊唱歌。一個印第安人則在一旁指揮，讓跳舞的人帶著長繩爬上旗杆。在旗杆頂部，他們將繩子捆在旗杆上，然後將繩子的另一端繫在自己的胸部或者自己左腳踝上。這之後，擔任指揮的印第安人讓這 4 個旗杆上的人繞著旗杆從上向下跳，同時手向地面伸直，如同那些浮雕上神的形象一樣。繩子的長度在事前經過了精心的測算，它使每個印第安人都能在繞著旗杆轉動 13 圈之後，其雙手就正好接觸到地面。如此一來，4 個印第安人所轉的 13 圈相加就是 52 這個數目，它正好等於馬雅人最小曆法週期的年數，也是他們期待的天國教主重返人間的時間。

馬雅的祭司建築師們還完成了另一項讓人傾折的傑作，這

座古老建築的幾何設計和方位，足以婉美瑞士鐘錶的精確校準，創造出一種既神祕又充滿戲劇性的效果。這一傑作與每年重複兩次的一件事相關，這個事就是分別出現在每年春天與秋天開始的日子：3 月 21 與 9 月 21 日。

　　庫庫爾干大金字塔必然經過了建築者們煞費苦心的精確設計，在春分和秋分的這兩天，人們才得以透過金字塔看到這一無與倫比的奇觀。在 3 月 11 日清晨，冉冉升起的太陽照射在金字塔東面。太陽升得越高，光線在東面中部階梯上照射的地方也就越多。階梯從地面向金字塔的頂部延伸，在階梯的兩側便逐漸顯露出兩條用羽毛作裝飾的蛇的形象 —— 牠恰好是庫庫爾干神的標誌。蛇則從上向下延伸，頭部逐漸接觸地面。與此同時，在金字塔的 9 層平臺中，出現了光與影所組成的三角形圖案，它位於階梯邊緣，正是從這裡，投影出了裝飾著羽毛的蛇。太陽升得越高，光與影投射出的波紋也就越多，沿著階梯的邊沿，波紋慢慢地向下移動，最後消散於一片光照之中。每一次，這個幻象都持續整整 3 小時 22 分鐘，分秒不差。在 9 月 21 日，人們仍然可以看到同樣驚人的場面，只是其順序剛好與 3 月 21 日的情形相反。

　　也許整個金字塔就是祭司所掌握的建築幾何學的一次演示，這種幾何學是專門為神服務的。作為古代馬雅天文學家的傑作，庫庫爾干金字塔自始至終都在向我們傳達著一個不朽的信念，並且，即便馬雅人的古抄本早已腐爛，即便馬雅人的神

廟早已毀敗，這個信念卻始終保持著它最初的清晰：

庫庫爾干神曾降臨人間，他在人群中停留並教誨我們，之後他離開我們返回了天國。庫庫爾干神曾經許下了諾言，他將在不久之後重臨人間雅古爾祭司曾在他的書中寫道：

「諸神從星宿的故鄉降臨人間……他們講著天上奇妙無比的語言。他們的跡象不容置疑，他們確實來自天國。當他們再次返回之時，他們將重新清理他們曾經所創造的一切。」

▌禁地

「這裡不可進入。這是天神的森林，進去的人將被詛咒，立即發狂死亡，不想死的人趕快退回去！」

印第安人的巫師，手裡拿著雕刻著蛇的魔杖，阻擋探險隊前進，厲聲吆喝著。

探險隊的隊員們笑了，土著們的迷信特別多，他們不會理會，探險的吉普車隊，駛入了叢林。

這是 1950 年夏天的事。地點在墨西哥南部，距離名叫帕倫凱的小鎮 10 公里左右的叢林地帶。

傳說古代的馬雅王國就在這一帶繁榮，馬雅是自西元前 4 世紀到西元後 9 世紀，在這一帶建立了華麗奇怪的都市文明，正當繁榮的高峰，突然消失的謎一般的民族。

馬雅王國留下的巨大的遺蹟 —— 有四座神殿供奉著奇怪的雕刻神像的首都「提卡爾」，早在 19 世紀，已在距離此處 60 公

里的地方發現。以後，又不斷發現一些怪異的圖騰、石像等，引起了人們的注意。

探險隊判斷在這一叢林的深處，可能還隱藏著巨大的遺蹟。因而，準備了充分的裝備與資金，由墨西哥城來到這裡探險。

隊長是墨西哥政府委託的考古學家阿爾貝爾‧魯易裡耶爾博士。隊員包括法國與義大利的年輕學者，與美國男女學生等十餘人。

雖然他們滿懷年輕人的鬥志，但要突破這一叢林也非容易。綿延不絕，重重迭迭陰森的叢林，不久吉普車就無法前進，必須揮著刀、斧，繼續向前。

被高大的樹木掩蔽，幾乎照射不到日光、黝暗，叫不出名字的赤紅色鳥、蛇、蜥蜴、昆蟲捕食著它們的植物。陰森可怖，使他們覺得真的是被詛咒了。

度過了恐怖而難以安眠的一夜，第二天早晨，他們一行人爬上一座小山丘。突然目光一亮，發現了一個令人難以置信的詭異目標。

那是一座令人震驚的金字塔，但與埃及的金字塔不同，平頂的，是馬雅格調神殿型的金字塔。下半部埋在叢林中，只有灰色的上半部聳立著，在頂的下方有幾個出入口，像魔鬼的眼鼻似的。

他們不禁興奮地跳躍歡呼。但立即就被一種不祥的預感所

壓迫。「從來沒有看見過這種形狀！」一位年輕的學者夢魘似地自言自語：「這不會是一般的神殿，也許是墳墓？——巫師所說的詛咒人的神，也許與這個有關……」

▌尋找馬雅的預言

馬雅究竟預言了什麼？哪幾個已經實現了？馬雅原來在哪裡？

馬雅人十大預言是在數年前爆紅的電影《2012》播出後才變得異常火熱，大家甚至對馬雅人十大預言產生了過度迷信。而歸根結底這些又是什麼原因所造成的呢？我們可以想一下，實際上每個人都會有自己怕的東西，而對於生命的珍惜又是大家所共有的，《2012》中所表現出來的極度恐怖是任何人都不願意看到的事情，但如果馬雅人預言真的成為現實，無疑這一切都會活生生地發生，那將是人類的末日。

馬雅人十大預言當中最主要講述的內容是：地球將在第5太陽紀迎向完全滅亡的結局。而根據推算與對照，終結日就在西元 2012 年 12 月 22 日前後。

也許大家可能不會相信。因為最開始我也是這樣的。但後來我看了下相關資料，覺得有些奇怪，之前完全不相信的態度也有所改變。他們的預言 99% 都變成了現實：他們預測到了汽車與飛機的生產日期——他們怎麼會知道以後有一種東西叫做汽車，這也是奇怪之處——希特勒出生和死亡的日期和人類歷

史上的 3 次大浩劫。其中一次浩劫，即使馬雅人預測到了也改變不了，就是「消失的馬雅文明」。當第 5 個太陽紀來臨，太陽會消失，大地劇烈搖晃，災難四起，地球會徹底毀滅，按照馬雅曆法是 3113 年，換算為西曆便是 2012 年 12 月 22 日。

馬雅人說 2012 年 12 月 21 日的黑夜降臨以後，12 月 22 日的黎明永遠不會到來 —— 這就是馬雅人留下的預言當中最可怕的一個，也是十大預言的終結篇，人類歷史就此終結沒有下文的講述。2010 年初的兩場大地震吸引了全球人民的關注。而智利 8.8 級大地震更是讓《2012》這部本已過氣的電影重回人們視線。有不少好事的網友更是將幾場大地震的數字連繫在一起組成了一組神祕的九宮格數字，嚇壞了也繼續炒熱了另一部電影《先知》。

當地時間 2 月 27 日 3 時 34 分，智利發生 8.8 級地震，震源位於海底 59.4 公里，地點位於馬烏萊地區外海，這是該國 50 年來遭受最嚴重的災難。雖然該次地震釋放的能量是海地地震的百倍，但由於智利是地震多發國，建築物的抗震級數較高。實際的破壞力是小於海地地震的。不過事後發布的海嘯預警卻驚嚇了 50 多個國家的人民，可以說是牽動最多國家人心的一場地震。

神祕預言：世界末日科學家們首先利用馬雅曆法來揭穿所謂的「世界末日」預言。馬雅曆法並沒有結束於 2012 年，因此馬雅人自己也沒有把這一年當作是世界的末日。不過，2012 年

12 月 21 日（冬至）肯定是馬雅人的一個重要日子。美國科爾蓋特大學考古天文學家安東尼·阿維尼是一名馬雅文化研究專家。阿維尼表示，「在馬雅曆法中，1,872,000 天算是一個輪迴，即 5,125.37 年。」

馬雅人對於時間的計算比其他許多文化都要精細。阿維尼介紹，馬雅人曾經發明了所謂的「長曆法」，這種曆法把最初的計算時間一直追溯到馬雅文化的起源時間，即西元前 3114 年 8 月 11 日。根據「長曆法」，到 2012 年冬至時，就意味著當前時代的時間結束，即完成了 5,125.37 年的一個輪迴。長曆法於是重新開始從「0 天」計算，又開始一個新的輪迴。阿維尼認為，「這僅僅是一個重新計時的思想，與我們每年元旦或週一早上重新開始一年或一週生活完全一樣。」

在阿維尼看來，馬雅預言中關於 2012 年 12 月 21 日是世界末日的說法是一種被誤解的說法。那一天是馬雅曆法中重新計時的「0 天」，表示一個輪迴結束，一個新的時代的開始，而並非指世界末日。同時馬雅長老皮克頓終於忍不住跳出來說：「根本沒這回事！」他甚至表示，末日理論源自於西方，馬雅人從來沒有這類想法。馬雅人所說的 2012 年，指的應該是人類在精神與意識方面的覺醒及轉變，從而進入新的文明。

神祕預言相關一：兩極倒轉

某些關於世界末日的預言聲稱，到 2012 年，地球將會兩極

倒轉，地球外殼和表面將會突然分離，地心內部的岩漿將會噴湧而出。分離的大陸會將所有人類填入大海，地震、海嘯、火山以及其他災難一起出現。

科學家對於這些所謂的預言進行了批駁。美國普林斯頓大學地質學家亞當姆·馬爾盧夫對「兩極互轉」和馬雅預言都有深入的研究。馬爾盧夫認為，岩石中的某些磁性跡象表明，地球可能發生過這樣劇烈的磁場變化，但是這一過程是一個持續數百萬年的緩慢過程，如此緩慢以至於人類根本感覺不到這種變化。

神祕預言相關二：天體重疊

一些星象學家認為，2012 年將可能會出現「天體重疊」。這種「天體重疊」現象每 2 萬 6 千年出現一次。根據「天體重疊」的預言，太陽在天空中的線路將會穿過銀河系的最中央。許多人擔心這種天體錯位將會讓地球處於更為強大的未知宇宙力量的牽引之下，會加速地球的毀滅。要麼可能是引起地球兩極互換，要麼是在銀河系中心形成一個巨大的黑洞。

莫里森堅決否認了這種說法。他解釋說，「2012 年絕對不會出現這種可怕的『天體重疊』現象，或者說只會出現一些正常的天體現象。比如每年冬至時，從地球上看太陽，太陽看起來就像是處於銀河系的中央。一些星象學家或許會對這種現象很興奮，但對於科學家來說，這種現象毫無特別之處。它不會

造成地球引力、太陽輻射、行星軌道等事物的變化，也不會對地球上的生命造成任何影響。沒有任何奇怪之處。只有認為世界即將面臨末日的人才會把這些普通的天文現象看作是一種威脅。」

關於「天體重疊」問題，德克薩斯大學馬雅專家大衛·斯圖亞特介紹說，「沒有任何馬雅古書或藝術品提到過這個問題。」阿維尼也認為，馬雅長曆法將 2012 年冬至作為一個輪迴的終點正是體現了馬雅文化的天文成就。許多人透過觀測天象學會了如何精確預測日蝕以及其他天文現象，同時也掌握了農業季節輪迴與某些天文現象的關係，而馬雅曆法又與農業季節輪迴存在著緊密聯繫。

神祕預言相關三：未知行星撞地球

有些人預測，一顆神祕的 X 行星正在向地球的方向飛來。據說，如果行星正面撞上地球，地球將會因此而消失。即使兩者只是輕輕擦過，也會造成地球引力的變化，從而引起大量小行星撞擊地球。這種未知行星真的會在 2012 年出現嗎？對於這個問題，莫里森給予了否定的回答。「不可能。可以最直接地講，本來就沒有這個天體存在。」

這個關於未知行星撞擊地球的預言最早出現於 2003 年，一位婦女聲稱她收到了來自宇宙某行星的訊息。莫里森強調，「從 2003 年到現在已經好幾年了。如果在太陽系內確實存在這樣一

顆行星的話，那麼天文學家肯定在過去 10 年中就已經開始研究它了。我們肉眼應該是可以看到了。所以說，這顆所謂的未知行星是不存在的。」

神祕預言相關四：太陽風暴襲擊地球

在許多關於 2012 年的災難預言中，太陽是地球最重要的一個敵人。傳說，它將會於 2012 年產生致命的太陽耀斑，將地球上的人類烤焦。事實上，太陽耀斑是有規律可循的，其爆發週期大約為 11 年。劇烈的太陽耀斑可能會破壞地球上的通訊設施以及其他一些地面事物，但是科學家們從來沒有說過太陽會釋放出強大的太陽風暴足以烤焦整個地球，除非是太陽已明顯不遵循其活躍週期。（太陽風暴持續時間比較短，除非它持續長時間違反其週期。而且科學家預計，下個太陽耀斑週期的最頂峰也並不是 2012 年，而在之後的一兩年。

神祕預言相關五：馬雅人究竟預言過嗎

馬雅人預言過 2012 年世界末日嗎？馬雅人究竟有沒有預言過 2012 年是世界末日？如果有，那麼他們確切是預言哪一年？許多學者對馬雅文化一些證據進行了深入研究後發現，其實馬雅人並沒有留下任何關於 2012 年會發生什麼事情的明確紀錄。

不過，馬雅人確實遺傳下來了一本手卷，也就是著名的「德雷斯頓抄本」。在「德雷斯頓抄本」的最後一頁，有關於世

界末日場景的描述。該場景設想一場洪水將毀滅整個世界。不過，這種世界末日的假想在許多文化中都有存在，並不僅僅是馬雅人才有的預言。阿維尼認為，這種設想並不能當作證據來看待，更不能看作是一種預言。

相反，阿維尼認為馬雅人事實上並不擅長預言。他解釋說，「他們對時間的認知大多是針對過去的，而不是未來。當你了解關於長曆法的記載後，你就會發現裡面講的大多是馬雅統治者和他們祖先的關係。統治者把自己的淵源說得越久遠，越能說明統治者地位的合法性和正統性。我認為，這就是馬雅統治者為什麼使用長曆法的原因。因此，長曆法並不是為了預言未來，而是為了證明過去。」

第八章
馬雅文化與世界文化

中國與馬雅的古文明探索

中國文化與美洲古文明之間的關係，雖有不少學者多有探討，然而迄今仍是個懸而未解的問題。在此僅提出相關關係的可能性。據考古發現，秦漢時代中國帆船性能優良，已有能力擔起這項任務。如果中國人到過美洲，他們所帶去的是什麼？

* **金字塔**：馬雅文化的金字塔，非尖頂狀，在平頂之上建有神殿。實際上為一祭壇，為祭拜天神地祇的地方。中國的祭壇，亦作階狀之高臺，上也設有神殿，為祭拜天神地方。因此對於馬雅的金字塔和中國的神殿，這二者是相同的。

* **龍蛇和雷神**：馬雅的雨神為羽蛇化身，同時也為雷神。在各類雕刻繪畫中我們所見到不少雨神具有龍或龍蛇的形貌。甚至吐水。龍的觀念在中國早已出現，被描述為：「水中之物，可以致水。」馬雅文化的雨，雷神似乎亦有這樣的造型。

* **顏色和四方位神**：馬雅的雨神可分為四個方位神，各有不同的顏色。中國的四方星宿則為：「東青龍、西白虎、南朱（赤）雀、北玄（黑）龜。」中國的五行中的木金火水、四行亦分屬於東西南北四方，及青白赤黑四色和馬雅四方位神及其顏色有相當的關聯。

* **九重、九泉**：馬雅宗教認為地下有 9 層，令人想起中國的「地有九重日九泉」之說，而就馬雅文化與中國文化而言，二者所描述的情境是相同的，都是指死者所去的地方。

　　結論：在馬雅文化的遺留中，我們還可以找到更多的文化特質，如雷電紋、饕餮紋；陶器裡的三足鼎興高圈足豆，石器中的石斧；以及其他一些遺留和觀念。無不可能與中國文化無關。此外，在美洲所發現象似東方人模樣的陶塑與雕刻，以及漢字等等，在這說明兩地之間的可能關係。從以上種種證據看，馬雅文明或者說美洲古文明是否受到中國文化的影響，答案或是肯定的，當然也需要更多的考古資料多以證明。

中國馬雅文明的興起

　　馬雅與殷商文化在藝術風格、宗教活動、銘文符號等方面有很多相似之處，用硃砂修飾祭品、用玉石作死者隨葬的做法更是完全相同。馬雅人信奉的最高神靈是羽毛蛇神，它上揚為天、下落為地，掌握風雨雷電、創造宇宙萬物的神靈身分，以及蛇類的原型都與中國的龍十分相似。

　　馬雅陶罐上大的乳狀袋足是中國史前陶器中最有特色的器形。太陽神雕像那翅膀形的羽毛披飾、雙手僵直地拄在腿上的古怪坐姿，與良渚玉器紋飾中騎在獸背上的神人的形象如出一轍。中國江、浙一帶的良渚文化和東北地區的紅山文化都以精美的玉器而聞名，巧合的是，馬雅民族也有把玉與生命、繁衍聯繫起來的信仰，也有用玉為死者殉葬的習俗，甚至把波南帕克的壁畫。它表現了在一次國家盛典中，國王和貴族在審判和屠殺俘虜玉珠放在死者口中的做法也與中國人完全相同。珍愛

玉石並且將琢玉工藝發展到較高水準的，在世界上的民族中只有中國人和馬雅人。

現代體質人類學證明：包括馬雅人在內的美洲印第安人的體質與亞洲東北部人最為接近，都屬於蒙古人種。印第安人在不同的自然環境中產生了種種變異，但他們與亞洲人的血肉聯繫僅僅從相貌上可以分辨出來。他們膚色黃中透紅，黑色頭髮硬而直，瞳仁黑褐色，面孔方正，與中國人的長相非常相像。在墨西哥，有些地方的土著民族就因為他們的相貌而被人們暱稱為「中國人」。

馬雅文化與中華文明的種種相似，使得人們在追尋馬雅文明的源頭時，很自然在地想到它與中華文明的關係。最早提出的是「扶桑國」說，主要是根據《梁書·諸夷傳》中記載的，關於5世紀中國僧人慧深飄洋過海到達「扶桑國」的故事。認為「扶桑木」即墨西哥的龍舌蘭，慧深還在當地傳播了佛教，所以許多馬雅造像有著佛教風格。但大多數學者認為這種論斷漏洞百出。於是，人們又開始將文化傳播的時間向前追溯，隨之就產生了「殷人東渡」說。這種觀點認為，大約在距今2萬至4萬年之間，美洲與亞洲之間的白令海峽由於海平面下降、海水結冰而連在一起，成為海上陸橋。勇敢的亞洲獵人追尋獵物的足跡，無意間跨上了另一片大陸，在此後的幾萬年中逐漸遍布南、北美洲。

馬雅文明和安地斯文明

如同從約西元前 400 年至西元 300 年那個時期一樣，這一時期中美洲的紀年體系多少是可信的，至少考古學家們對此持有一致意見。而對於相關的安地斯文明時期的年代順序也同樣持有一致的看法，但是對於從查文時代結束（約西元前 400 年）到印加帝國建立（約西元 1438 年）這段長達 18 個半世紀的安地斯歷史的確切年代則仍然存有爭議。放射性碳測定法（迄今為止測定的樣本太少，所以很不可靠）將安地斯文明的「綻放」時期定在約西元前 300 年至西元 500 年，將其後的蒂亞瓦納科時代定在約西元 500 年至 1000 年。依據地層學的測算則將「興盛」時期定在約西元 400 年至西元 1000 年，將蒂亞瓦納科時期定在約西元 1000 年至約西元 1300 年。本章同第 39 章都假定放射性碳測定的年代大致是正確的，也就是說，西元 300 年左右安地斯歷史上的「興盛」時期正接近尾聲，而蒂亞瓦納科階段的大部分時期都在西元 500 年至西元 900 年之間。

在中美洲世界，「古典」階段在約西元 300 至 600 年達到鼎盛。在這 3 個世紀中，蒂亞瓦納科城持續繁榮，馬雅型的中美洲文明不僅在中馬雅地區而且在猶加敦都紮下了根。特奧蒂瓦坎在這 3 個世紀中從文化上統治了馬雅的 3 個地區 —— 猶加敦、中部地區和高地，甚至可以認為特奧蒂瓦坎對整個馬雅地區還行使著某種政治控制。在西元 600 年前建於猶加敦的「古典」馬雅祭祀中心中，有一個是坐落在西猶加敦的奧克斯金托

克，該地建築物就不是馬雅的風格，而是特奧蒂瓦坎的風格。另一方面，同樣也建於西元 600 年之前的坐落在東猶加敦的科班祭祀中心，就直接受到中馬雅地區「古典」建築的影響。

　　大約在 600 年，特奧蒂瓦坎突然毀於暴亂。尚沒有考古學證據能證明誰是破壞者，但我們可以猜想，同後來南墨西哥文明的破壞者一樣，他們也是來自北墨西哥沙漠的蠻族入侵者。在喬盧拉一座人造山，最初 4 個連續堆積層中發現特奧蒂瓦坎的影響，而後來的堆積層卻具有它們自己獨立的風格。喬盧拉離特奧蒂瓦坎比較近：在中美洲世界的邊緣，特奧蒂瓦坎的影響大約於 600 年消失。喬盧拉也在 800 年左右遭到毀滅，該城的征服者被認為是北方的蠻族。

　　馬雅並沒有捲入從北方成功地征服喬盧拉和特奧蒂瓦納的那場災難。但到了 9 世紀，中馬雅地區的「古典」城址也相繼被廢棄。其原因尚不清楚，這成了中美洲最大的歷史之謎。雖然有證據表明特奧蒂瓦坎是經未知者之手用暴力毀壞的，但對於提卡爾、瓦哈克通以及中馬雅地區「古典」時期其他許多宏大的祭祀中心被廢棄的原因，尚找不到任何線索。在最引人注目的「古典」馬雅藝術作品中，有一批氣勢輝煌、但又使人毛骨悚然的壁畫，它們坐落在烏蘇馬辛塔河中游西岸，考古學家定名為「波納姆帕克」的一個遺址上。這些壁畫是在 9 世紀初繪成的，正好在中馬雅地區開始廢棄的前夕。

　　「波納姆帕克」壁畫描繪的場景是戰勝者對戰俘犯下的亞

途式的暴行，這些壁畫本身就表明中部地區的「古典」馬雅社會是因為陷入了自相殘殺的惡戰而自我毀滅的。但是，該地區被廢棄的「古典」遺址並沒有顯示我們在聖洛倫索、拉文他、特奧蒂瓦坎和喬盧拉的考古學證據所證明的故意破壞的跡象。中馬雅地區的證據否定了這些遺址是在 9 世紀被廢棄的。關鍵在於豎立記年石碑的「古典」習慣在這些地方都相繼中斷了。最具有說服力的假設 —— 雖然並不止這一個假設 —— 是農民不再相信「宗教機構」擔負宇宙工作的能力，特別是祈求雨神降足雨水以保豐年的能力。失望的農民可能切斷了對「宗教機構」的糧食供應，拒絕繼續履行維護和修整宏大建築物所必需的繁重勞役。但是即便這一假說能說明中馬雅地區「古典」遺址的廢棄，它也無法解釋為什麼馬雅風格的中美洲文明 —— 以一種退化的、最終混雜的形式 —— 能夠在乾旱多石的猶加敦繼續生存。

根據安地斯歷史的兩種年代體系，「興盛」時期持續到西元 500 年之後。根據以地層學而不是放射性碳測定為基礎的年代體系，「興盛」時期是從約西元 400 年至 1000 年，大約與中美洲文明的「古典」時期同時代。由於本書暫時採納了放射性碳測定所確定的年代體系，因而在第 39 章已經簡述了安地斯文明的興盛時期；在此我們必需要勾畫蒂亞瓦納科 —— 瓦里時期的概貌，雖然很可能安地斯歷史的這一整個階段處在本章年代的下限之外。

　　同查文文化一樣，蒂亞瓦納科 —— 瓦裡文化也起源於高地。後一種文化的兩支分別源於不同的高地地區，也從高地發源地傳播到高地的其他地區以及沿海平原。這兩種安地斯文化的另一共同點是它們的視覺藝術中都同樣具有一種獨特的風格，這種風格看上去體現了一種具有傳教使命的宗教。但有證據表明蒂亞瓦納科文化依靠暴力強加給了秘魯沿海地區，而在查文文化中卻缺乏這種證據。

　　蒂亞瓦納科位於的的喀喀湖東南角的東南方約 13 英里的地方。它似乎是一個並不住人的祭祀中心。它那巨大的磚石建築比同時代瓦裡和古代查文的建築更加宏偉壯觀。蒂亞瓦納科風格在蒂亞瓦納科本地似乎在「興盛」時期已經形成，雖然直到「興盛」時代結束後它才傳播到秘魯其他地區。如果蒂亞瓦納科文化向沿海的傳播是透過武力征服實現的，那麼這可能就是導致「興盛」時期結束的事件之一。

▌馬雅文明和安地斯文明

　　對於這一時期如同對於以前的歷史時期一樣，考古學家們在用基督紀元的年代確定中美洲歷史事件的年代方面意見是一致的；但是，對於這一時期安地斯歷史事件的年代卻未取得一致意見。前文已經提到安地斯歷史各階段相對的年代序列是沒有疑問的，但是用西元紀年體系來表示的認約西元前 400 年到約西元 1438 年的絕對年代，即依據放射性碳測定年代和依據地

層學估算的年代之間卻存在著很大差異。依據放射性碳測定的年代體系（本書暫時採用這一體系），安地斯歷史「興盛」時期在西元 500 年左右結束，蒂亞瓦納科文化在西元 900 年正走向它的末日。因而安地斯歷史的這兩個階段已在第 48 章予以論述，雖然根據地層學的年代體系，「興盛」時期到 900 年還未結束，整個蒂亞瓦納科文化的衰落是在 1000 至 1300 年間。

在中美洲世界，「古典」時期（約 300 至 900 年）是在衰落中結束的。在墨西哥高原，特奧蒂瓦坎（約 600 年）和喬盧拉（約 800 年）先後被來自新開墾地區以北的沙漠地帶的蠻族攻占和毀壞。在馬雅地區，馬雅形式的中美洲文明在此達到鼎盛的中部地區，在 9 世紀已被相繼廢棄。10 世紀初，另一支北方蠻族托爾特克人已經侵入沙漠南部的農耕地帶。這些托爾特克人和他們的前輩還有所不同，他們不僅僅是破壞者。他們接觸的中美洲文明足以使他們創造具有自己特點的中美洲文明。雖然他們位於墨西哥湖以北的首都圖拉無法與特奧蒂瓦坎相比，但該城的建築和雕塑卻有驚人的成就。

托爾特克人和他們在中美洲歷史上後「古典」時期的後繼者都是好戰的武士。他們並不是中美洲世界最早的窮兵黷武者。奧爾梅克人就是好戰的武士，依據「波納姆帕克」的殘忍壁畫提供的證據來判斷，9 世紀時烏蘇馬辛塔河流域的馬雅人也是窮兵黷武者。但是在後「古典」時期，中美洲的軍國主義已

經強烈到成為中美洲生活主要特徵的程度。

　　在中美洲歷史上後「古典」階段的初期，從安地斯世界傳來了冶金術。這一技術透過海路，可能是經厄瓜多爾沿岸傳到了墨西哥西海岸。在同時代的安地斯世界，銅（後來還有青銅）被用來製造工具和武器，但除了太平洋沿岸高地上的塔拉斯科人之外，安地斯冶金學家們在中美洲的學生在這方面並未遵從他們老師的意願。他們製造金銀飾品的技藝日益精湛，但是當阿茲特克人在 16 世紀與西班牙人相遇時，他們仍然在使用石頭和木頭製作的武器。值得注意的是向阿茲特克人這樣一個尚武的民族，竟然從未模仿自己的鄰居和對手塔拉斯科人讓自己的工匠去製造劍和矛。

　　圖拉同喬盧拉、特奧蒂瓦坎、拉文他、聖洛倫索一樣也毀於暴力。這一命運在 12 世紀下半期降臨在圖拉城。與此同時，圖拉城的建城者托爾特克人托皮爾京，被另一支敵對的托爾特克人趕了出來，據信是逃向了大海。傳說他有一天將從海上歸來的預言被傳給了托爾托克人的後繼者阿茲特克人。托皮爾京似乎從海上來到猶加敦西海岸，並在此為自己征服了一個微型帝國，該帝國的首都是奇琴。根據猶加敦馬雅人的記載，在 987 年或此前不久，一個名叫「庫庫爾肯」的征服者從西方的海上來到了猶加敦。在馬雅語中「庫庫爾肯」意指「長羽毛的蛇」，這也是被驅逐的托爾特克國王托皮爾京的綽號「魁扎爾科亞特爾」的意思。魁扎爾科亞特爾是墨西哥一位神祇的名稱，

其形狀就是被看成是托皮爾京的長羽毛的蛇。(托皮爾京的過錯在一支托爾特克人看來,也許是他對該神的虔敬行為,因為該神要求人懺悔性修行,而不贊成人祭犧牲。)

庫庫爾肯──魁扎爾科亞特爾在西北猶加敦建立的國家,從約 987 年持續到約 1224 年。該地融合了托爾特克人和馬雅人的建築、視覺藝術、宗教、生活方式和習慣。托爾特克人的精神生活,表現為對人祭犧牲的執著追求。如果托皮爾京真的就是庫庫爾肯,可能還不致殘忍到為了取悅較兇殘的那部分托爾特克人而嗜血成性的程度,但是他在猶加敦開創的托爾特克──馬雅混合文明卻比在托爾特克征服者到來之前的馬雅更為殘忍嗜殺。坐落在奇琴、一座裝飾有人頭蓋骨壁緣的平臺,就是西猶加敦托爾特克統治者殘忍性的紀念。同樣能證明這種殘忍性的,還有從奇琴的「肯諾特」底部挖掘出的人類遺骸。(肯諾特是一種水池,人祭犧牲者的屍體被掏空之後就扔進這水池中。)

在建立和統治奇琴的托爾特克人消失以後,奇琴被一支流浪的馬雅人伊察人占領。伊察人的首領模仿奇琴的托爾特克建立者也稱自己為庫庫爾肯,他於 1283 年左右在奇琴和猶加敦西海岸中間建立了馬雅潘城。這是馬雅地區最早的有城牆的城市,從約 1283 年至約 1461 年,該城一直是西北猶加敦的都城。在此之後馬雅潘城因毀於一場內戰而被廢棄。

在猶加敦歷史上的伊察時期就同先前的托爾特克時期一

樣，本地馬雅式的中美洲文明混雜了來自墨西哥高原的成份。在一系列相繼在馬雅潘行使統治的伊察人中，有一支部落就是在一群墨西哥移民僱傭軍的幫助下奪取權力的。

雖然馬雅潘四周有城牆，但它並不像沒有城牆的特奧蒂瓦坎那樣坐落在一塊平地上。而秘魯西北海岸的昌昌城則坐落在一塊規模與巴比倫和尼羅河流域的亞歷山大城相當的長方形平地上。

根據安地斯歷史，在蒂亞瓦納科文化衰落之後兩種不同的年代體系，蒂亞瓦納科時期是在 1000 至 1430 年之間。在這一時期，安地斯世界在政治和文化上都不是統一的。在沿海低地，它在政治上至少分裂成 3 個國家，每一河流的下游地區都形成了一個獨立的政治單位 —— 奇穆、奎茲曼科、欽查，這些國家使前蒂亞瓦納科「興盛」時期的國家相形見絀。

如果我們將安地斯歷史與希臘歷史聯繫在一起考察，我們會發現自己很容易將安地斯歷史的「興盛」時期與西元前 334 年之前的 4 個世紀的希臘化歷史等同起來。在這 4 個世紀中，希臘世界標準的政治單位是城邦。在安地斯歷史上的「興盛」時期，就同在希臘歷史上的「古典」時期一樣，藝術也達到了鼎盛階段。後蒂亞瓦納科時代的安地斯沿海國家相當於波斯帝國的繼承者、由波斯人的馬其頓希臘征服者建立的那些國家。

在安地斯歷史的這一階段，安地斯沿海城市都是些建於眾多河流匯合處的帝國首都。每一國家的居民都集中居住在首

都，灌溉網經過了修整，河流中的水被引來灌溉人口稠密的城市附近的水澆地。奇穆的首都昌昌規模就特別巨大，以至考古學家把安地斯歷史的這一階段定名為「城市化」或「城市建築」時代。這麼大的城市規模是很有特色的。在「興盛」時期，莫奇河流域就沒有出現過昌昌那麼大規模的城市；但在水準上莫奇河流域「城市化」時代的陶器和無法與「興盛」時代莫奇卡的陶器相比。「城市化」時代並不富於詩意，它的傑出成就不是製造裝飾花瓶，而是製造金屬工具。

昌昌城是一排巨大的長方形建築物，四周圍有高大厚實的泥磚牆。這些城牆的目的似乎並不是為了防禦。奇穆國的防線是在其邊疆——例如是在延伸到福塔萊薩流域低地地區的帕拉蒙加，該地大約位於流經奇穆國境內諸河流域的最東南部。

昌昌城是「城市化」時代安地斯世界最大的城市，實際上也是利馬城興起前人們所知道的最大城市。但是「城市化」時代安地斯世界最令人敬仰的神殿是在奎茲曼科地區的帕查卡馬克，該地名即得名於該地受到崇拜的神。帕查卡馬克是一位普世神，他的神廟受到來自各地的朝聖者的朝拜。

▍中美洲綠色沙漠對抗惡質生活

蒼翠的雨林，生不出一粒米；綠色的沙漠，榨不干生命力；身處惡質的環境，馬雅發芽，綻放出璀璨的花朵，令人讚佩。

馬雅文明形成期中，最重要的都市遺蹟，是位於今日瓜地

馬拉市郊，臨近三座火山的卡密拉胡育（Kaminaljuyu）。據考據發跡年代是距今約 3 千年前，但由於年代久遠，保存不易，出土的規模與整個城市極盛時期的原始規模，仍有極大的差距，因此年代上的考證和追溯應該都還有很大的延展空間。

卡密拉胡育遺蹟的出土，對考古學家有極大的貢獻，他們從遺蹟中若干建築特徵中，清楚的查找出一些脈絡，例如每隔 52 年便重構或加蓋房屋、可支持沉重的屋梁的三角門式建築手法、先進且普及的排水工藝，這些都是馬雅人試圖運用超智慧改善生活環境，在逆境中求生存的生活哲學。

除了建築體外，在卡密拉胡育（Kaminaljuyu）出土的文物，呈現了與馬雅文明相輝映的前身色彩與沿革歷程，形式之豐富，比馬雅全盛時期出土的文物遺產更具有一份追古溯源的想像空間，極耐人尋味。

▎等你解開口令

古馬雅文明遍及中美洲猶卡坦半島，遺蹟分布最廣的地區包含墨西哥、貝里斯、瓜地馬拉、宏都拉斯四國，而馬雅文明遺蹟，有八個景點進入 UNESCO 的世界文化遺產之列，其中有 3 個景點是古文明遺址，值得旅行者仔細探訪。

瓜地馬拉

提卡爾國家公園（Tikal National Park）

提卡爾位於馬雅地區的中心位置，今日的瓜地馬拉熱帶雨林境內，此城金字塔最大的特徵，是斜度達 60 度的驚人設計，其高聳的斜度，不但在馬雅文明中獨一無二，更是舉世無雙的奇觀。

薩爾瓦多

赫雅德薩列古文明遺址（Joyade Ceren Archaeological Site）

根據記載，西元前 600 年，首都聖薩爾瓦多西部發生的一場地震，讓赫雅德薩列村落深埋在地底 4 至 6 公尺深的火山灰之下，直到 20 世紀下半才被陸續挖掘出村舍牆面，而至今猶見火山熔岩侵蝕的層次感，赫雅德薩列因此被喻為是中美洲的龐貝古城。

有別於瓜地馬拉提卡爾的大規模的遺蹟，這個馬雅村落，保存了馬雅人當時的生活面貌，從考古出土的房舍、陶器、植物種子，甚至動物骨頭等都可窺知一二。

宏都拉斯

科班馬雅遺址（Maya Site of Copan）

科班位於宏都拉斯西端，在 16 世紀末被西班牙人發現，不過遺跡的真正出土是到 19 世紀才被完全挖掘出來，科班遺址並沒有位於瓜地馬拉的提卡爾城大，但由此卻可見典型馬雅的城市規劃。

在科班有完整的金字塔、祭壇、公共廣場、運動場……建築遺蹟，而雕刻在石碑上的象形文本、數字，都可窺知馬雅人對建築、數學、天文等多元化文明的發展，因此這裡也是諸多馬雅古文明迷的最愛。

奧爾美加中美洲文明始祖

奧爾美加文明，分布在墨西哥東南部，維拉克魯斯省附近，在考古學上，被公認是中美洲所有文明的發源之母，位於南方高地的馬雅文明也不例外，並且有跡可循地深受其影響。

奧爾美加的活躍時期，可追溯至西元前 1200 年，最大的特色是出現了許多造型特異的石刻雕像，其中最大型的代表作品，就是以玄武岩雕鑿，高達 2.85 公尺高的巨大頭像石雕，據說這些石雕所表現的，就是奧爾美加的社會支配者。

至於同樣以玄武岩雕制的祭壇和石碑，在其表現手法上，更可看出許多與中美洲文化共通的特質。如他們在石刻上雕鑿

的許多神話，或以支配者為題材的浮雕，都與馬雅人十分相似。

　　以神話的支配者來說，美洲豹這一種動物特定形象的天神，除了逐漸在當時社會中，扮演著極有影響力的一位神祇，甚至更進一步，成為奧爾美加王朝的主要象徵。

　　這個極具宗教性的美洲豹常規，不僅在奧爾美加文明中，擔負著極為特殊的支配地位，後來更在整個區域發揮它的深遠影響力，在馬雅以及其他中美民族，都有極為令人動容的美洲豹經驗。

▌馬雅人與世界的互動

　　古典馬雅文化既不是純質的，也不是完全拒絕外來影響的。每一個主要城邦都發展出自己的藝術和建築風格。地區性產品，如可可、柯巴脂、黑曜石和玉石等，都透過可以航行的河流以及加勒比海沿岸的海上航線進行交易。

　　在國際上，馬雅人與墨西哥中部的特奧蒂瓦坎建立了聯繫。卡米納柳尤位於瓜地馬拉高原上，當地神廟的設計反映出墨西哥的傳統。地位高的死者有進口的特奧蒂瓦坎陶器陪葬；居住在低地的馬雅人也與墨西哥河谷有聯繫；提卡爾的圖像和銘文說明了來自特奧蒂瓦坎的人與馬雅統治王朝聯姻。在西元500 年以後，墨西哥的影響式微，帶動馬雅文化復興。在科潘帕連奎和納蘭哈等地蓋起許多壯麗的新建築，同時提卡爾城也在舊基礎上建立新建築，幾乎是完全重建。

▌我們的生活會更美好

【2012 年地球還好好的】

根據馬雅文明的記載，2012 年 12 月 21 日是世界末日，當這一天黑暗降臨後，第二天的黎明永不到來。影片中更是援引了 NASA 的種種「科學說法」，證實末日說。一些觀眾相信影片中的故事，他們紛紛登錄各大網站留言，譴責 NASA 隱瞞第 10 大行星 Nibiru 即將與地球相撞的真相。

11 月 9 日，美國宇航局在官方網站上公開聲明：2012 年 12 月 21 日不是世界末日。科學家針對神祕的馬雅預言為普通大眾一一進行了科學的解讀：這只是影片的虛構劇情，根本不會有此類事情發生。「2012 年不會發生任何毀滅性的災難。到目前為止我們的星球已經安穩度過了 40 億年，而且全世界有威信的科學家都知道 2012 年地球沒有任何威脅。」科學家這樣說。這件事引起許多馬雅人後裔的憤怒，譴責末日論，聲稱根本沒這回事。

多年來，世界一直盛傳數千年前馬雅人曾預言，2012 年的 12 月 21 日將是地球文明消失的大限。很多人因此擔心世界末日快到了，好萊塢甚至還以此為題材拍出大片。據臺灣東森新聞網報導稱，面對西方好事者的傳說與一般民眾的恐慌，馬雅長老皮克頓似乎有些不堪其擾，趕忙澄清屆時僅是舊紀年的結束、新紀年的開始罷了。

　　還記得 1999 年、2000 年的世界末日傳聞嗎？西方世界每隔一段時間，就會傳出世界末日即將降臨的說法，其中最讓民眾覺得恐慌的就是 2012 年的馬雅預言了。對此，瓜地馬拉籍的馬雅長老皮克頓終於忍不住跳出來說：「根本沒這回事！」他甚至表示，末日理論源自於西方，馬雅人從來沒有這類想法。至於這個資料，很多人會說，不是都說了馬雅人都滅絕了嗎？怎麼還有長老？事實是：確實有長老存在。

　　源自於中美洲的馬雅古文明，最早分布於南墨西哥、瓜地馬拉、宏都拉斯及薩爾瓦多等地，雖然西元前 2000 多年形成的馬雅文明早已被各種天災人禍給湮滅，但卻輾轉留存了讓人驚豔的馬雅曆法以及精準預言。報導稱馬雅人所說的 2012 年，指的應該是人類在精神與意識方面的覺醒及轉變，從而進入新的文明。

【神祕預言：世界末日】

　　科學家們首先利用馬雅曆法來揭穿所謂的「世界末日」預言。馬雅曆法並沒有結束於 2012 年，因此馬雅人自己也沒有把這一年當作是世界的末日。不過，2012 年 12 月 21 日（冬至）肯定是馬雅人的一個重要日子。

【拼湊「預言」，有人樂此不疲】

　　1938 年奧森·威爾斯在廣播節目中導演了火星人「入侵」

的《世界大戰》。1974 年有人出書警告，由於行星都位於太陽一側，1982 年會出現大地震。「新世紀」（New Age）團體幾乎已經耗盡了祈禱者的所有眼淚，因為在他們眼中世界末日總是在迫近、迫近……但結果是，什麼也沒發生。

此外，當有重大天象出現的時候還通常會伴有瘋狂的事件。1997 年出現的海爾‧波普彗星使得 39 人在某種儀式中自殺身亡，原因是他們相信在彗星的後面隱藏著一艘來襲的外星人飛船。每當新世紀到來的時候，也會造成一波「末日預言」的小高潮。在 2000 年到來前也不例外。但結果是，什麼也沒發生。什麼都不會發生。即便地球已經受到了「魅影的威脅」，它也不會事先發出警告，不是嗎？

其中具有代表性的就是法國星相學家諾斯特拉達穆斯（另一種譯名是諾查丹馬斯）。這位身處 16 世紀的預言家以四行體詩的形式寫下了他的預言集《百詩集》。有人從其中「解讀」出了對不少歷史事件（例如法國大革命、希特勒崛起等）和重要發明（例如飛機、原子彈等）的預言。諾斯特拉達穆斯的追隨者甚多，且他們都對於從《百詩集》中「拼湊」出「預言」樂此不疲。類似的過程依然在進行，只不過這次《百詩集》被換成了馬雅曆。它的追隨者認為它具有預言世界末日的能力。

當然，學術界堅持認為根本不存在著這種事。事實上，不同的馬雅曆法有著不同的循環週期，其中週期最長的一個在 2012 年底結束，然後開始下一個循環週期。就像太陽升起、落

下、再升起一樣，這樣一個「守時」的工具不會伴隨有什麼離奇的事件。興許當初的情況其實是這樣的……在馬雅曆結束的時候，第一個被找上以作為「絕世天劫」原料的，是每年 6 月和 12 月從地球上看會從銀道面前方經過的太陽。

一些人聲稱，太陽會從銀河系中心前穿過。但這永遠都不會發生，因為地球軌道和銀道面之間的相對位置決定了這一點。先拋開這個不談，駭人的說法是此時位於太陽之外的恆星會向我們釋放某種「能量」。事實上地球人已經看到太陽「穿越」銀道面無數次了。幾個月前剛穿過一次，今年年底還會再穿越一次。那為什麼今年、去年或者前年什麼都沒發生，而偏偏要等到 3 年之後呢？

【磁場多次倒轉，地球安然無恙】

第二個被選中的是「地球磁場減弱翻轉」。從現象上來說確實是如此。不過，在過去的 7、800 萬年中地球磁場出現了 171 次倒轉，而最近一次磁場倒轉大約在 78 萬年前結束。現在的地球磁場還需要花上幾千年的時間才能完成這一倒轉 —— 如果它會的話 —— 事實上，對 2001 年海洋鑽探得到的沉積物所記錄下的地球磁場活動研究顯示，從造就了現在地球磁場的上一次磁極倒轉以來地球磁場已經出現了 14 次減弱和增強的情況。

地球磁場可以被分成兩部分，其中最主要的是類似條形磁鐵的偶極磁場，另一部分是地殼磁場。地殼磁場形成於熔化的

岩石凝固之際，它記錄下了當地偶極磁場的指向。隨著時間的推移和演化，地殼磁場堆積拼湊到了一起，強度也達到了地球偶極場的 10%。可用於羅盤導航的偶極磁場由地核外部液體中的電流所產生。隨著電流的變化，它的大小也會增強或者減弱，南北極的位置也會在地球表面發生移動。

在過去的幾百年中，科學家製造出了靈敏的儀器來精確地追蹤地球磁場。地球主磁場的強度看起來每世紀會減弱大約 5%。這意味著，如果以這個速率持續減弱，那麼在 1,000 或者 2,000 年內地球偶極場的強度會小於不規則的地殼磁場。但是地球偶極場真的會持續減弱嗎？我們還不知道，因為我們還不曾以年的精度研究過地球磁極倒轉現象。2001 年加拿大北極考察報告稱磁極運動正在加速。在加拿大西北部地區逗留了將近一個世紀之後，磁極會快速向北極點運動並且在 2030 年左右抵達北極點附近，之後到 22 世紀它將位於西伯利亞北部！

由於磁場是重要的緩衝器，保護著地球免受宇宙線和太陽帶電粒子的侵襲，因此你可能會認為地球磁場的消失會造成可怕的生態危機。但是地質紀錄顯示，地球的磁極每 50 萬年左右就會顛倒一次，偶極場強度也會下降到接近地殼磁場的水準。前幾次的磁極倒轉沒有留下任何可以確認的生物學效應，因此對於生物圈而言這並不會帶來如我們所預想的那麼嚴重的問題。

有許多種鳥類和魚類可以感受地磁場的方向並以此來遷徙或者是在黑暗的水域中覓食。當地磁場變化使得牠們無法再依

靠它辨別方向時，這些物種或者另外一些適應力比較差的就可能會「突然」滅絕。人類還不曾經歷過失去偶極場的日子。預計地球磁場消失時不會出現大的問題，最主要原因是 78 萬年前當它最近一次消失時一切都非常平靜。沒有大規模的生物滅絕，沒有大氣層的混亂，什麼都沒有。

【真有太陽風暴，加強防範足矣】

第三個則是「太陽活動大爆發」。太陽活動指的是太陽黑子、耀斑、物質拋射等現象。而其中對地球最具破壞力的則是太陽活動中對著地球噴射出的大量帶電粒子和磁場，被稱為太陽風暴。

太陽風暴會造成很多麻煩甚至是災難。例如 1989 年 3 月 13 日太陽風暴使得加拿大魁北克的 600 萬人在沒有電力供應的情況下度過了 9 個小時。原因是它誘導產生的電流熔毀了變壓器使得電網癱瘓。再例如 2003 年的萬聖節前後，全球的通訊受到干擾，海事緊急呼叫系統癱瘓，喜馬拉雅山探險隊通訊中斷，全球定位系統的精準度降低，穿越高緯度地區的航班不得不啟用了備用通訊系統，瑞典有 5 萬人的電力供應中斷等等。

太陽活動有著以 11 年為大致週期的強弱變化。下一個太陽活動極大期大約會出現在 2013 年。但是由於對太陽本身動力學的了解不足，天文學家目前還無法準確地預言屆時的太陽活動情況。由美國國家大氣和海洋管理局組織的一個由 12 個科學家

組成的評估小組預測，2013 年 5 月的太陽活動極大期將會是自 1928 年以來最弱的一個。目前來看持這個觀點的人比較多。當然，肯定也會有不同的意見。有科學家根據他們的數值模擬得出結論，下一個太陽峰年的活動會比在這個太陽活動週期結束時增加 30% ～ 50%。誰對誰錯還需要時間來證明。

由於人類現代文明對電力的極度依賴，太陽風暴對於電網的破壞是最致命、波及範圍也是最大的。目前除了時刻監測太陽活動、提前預警、事先防範之外別無他法。

另外，人類也已經經歷過了多次強太陽活動，其中在近現代歷史中最強的是 1859 年的那一次。1859 年的太陽風暴要是發生在今天，它可以破壞大面積的電網，10% 的人造衛星會失靈，總損失會超過 1 萬億美元。但由此得出結論太陽風暴會造成全球性的毀滅事件極為牽強，因為還有地球磁場和大氣保護著地球。不過太陽風暴的局部破壞力還是應該受到足夠的重視。

【地震為什麼越來越頻繁？】

一般認為，全球每年發生約 500 萬次地震，平均下來每天有 1 萬多個，只不過絕大多數不被人所察覺。據美國地震學聯合研究會統計，全球 6 級以上的強震平均每年近 200 次，7 級以上的平均每年近 20 次，8 級以上的平均每年近 3 次。地震級數越大，數量就越少。看看美國地質調查局（USGS）所做的 2000 —— 2009 年全球 5 級以上地震數量統計可知，每年的大

地震數目沒有規律，但大致來說 2007 年倒可以算是其間地震較為頻繁的年份。2010 年以來的地震數量並未顯示出數量上有異常，即使數目上有小差異，也不過是地震的隨機性所致。

絕大多數地震都發生在板塊邊界，其中全球地震的 70% 分布在「環太平洋地震帶」；其次 15% 分布在「歐亞地震帶」；還有 5% 在大洋中脊；最後約有 10% 分布在板塊內部。這是統計學上的規律性。但因為科學家們至今尚不清楚地震的產生機制和原理，所以下一次地震將在哪個地點和哪個時刻發生，尚無法準確預測。所以科學家又認為地震是隨機的。再來看看今年以來發生的幾次大地震，所羅門群島、琉球群島、智利都處在環太平洋地震帶上，海地也位於板塊邊界，因此這 4 次大地震的發生是完全合乎地學原理的，是正常的地震現象。

【再來點心理因素】

一些人認為：地震變頻繁了。其實地震還是那些地震，它有規律又隨機地發生著，但它從來不管發生的地方是人煙稠密還是人口稀少。只不過，因為近年來發生在人口稠密的地區的大地震讓我們對地震比以前更關注了。

電子書購買

國家圖書館出版品預行編目資料

馬雅不是古文明，是超文明！以鬥雞眼為美、崇拜羽蛇神、貴族 SPA 享受……從食衣住行到審美文化，來一場沉浸式的古文明探索 / 孟飛，李正平，劉保國著 . -- 第一版 . -- 臺北市：崧燁文化事業有限公司 , 2023.07
面；　公分
POD 版
ISBN 978-626-357-474-8(平裝)
1.CST: 馬雅文化 2.CST: 文明史 3.CST: 中美洲
754.3　　112009585

馬雅不是古文明，是超文明！以鬥雞眼為美、崇拜羽蛇神、貴族 SPA 享受……從食衣住行到審美文化，來一場沉浸式的古文明探索

臉書

作　　者：孟飛，李正平，劉保國
發 行 人：黃振庭
出 版 者：崧燁文化事業有限公司
發 行 者：崧燁文化事業有限公司
E - m a i l：sonbookservice@gmail.com
粉 絲 頁：https://www.facebook.com/sonbookss/
網　　址：https://sonbook.net/
地　　址：台北市中正區重慶南路一段六十一號八樓 815 室
Rm. 815, 8F., No.61, Sec. 1, Chongqing S. Rd., Zhongzheng Dist., Taipei City 100, Taiwan
電　　話：(02) 2370-3310　　傳　　真：(02) 2388-1990
印　　刷：京峯數位服務有限公司
律師顧問：廣華律師事務所 張珮琦律師

定　　價：350 元
發行日期：2023 年 07 月第一版
◎本書以 POD 印製